時代ガチャの「当たり」を見つける方法

ニッポー設備株式会社
代表取締役
田中友統

はじめに

初めましてこんにちは。1975年生まれ、団塊ジュニア世代の一番下の世代を生き、生まれてこの方いろいろな風に吹かれながら、令和の時代までやってきました。ニッポー設備株式会社 代表取締役の田中友統《とものり》です。順風満帆なんて言葉は、自分の人生の中にはどこにあるんだか(笑)。

子ども時代の経済は右肩上がり。スタートは、なんとなくお得な人生。なぜかと言うと、私には3歳年上の団塊ジュニア世代ど真ん中の姉がいるのですが、彼女が通った幼稚園は途中で解体され、私が入る頃には新園舎になるなど人数が多かった分、いろいろなところが増設されたきれいな建物で教育を受けることができました。

両親からは「たくさん勉強して良い大学に入って、サラリーマンになって幸せな人生を送るのよ」と言われ続けていた幼少時代。しかし、高校生の時にバブルが崩壊し、出生率の低下が叫ばれるようになり、時代は暗転していきました。

ちなみに、母や母方の祖母からは「早稲田大学に入るのよ！」とよく言われました。これは、母の祖父（祖母の父）の相良愛之助さんが早稲田大学を出ていて、地域に根差した活動をされるなど素晴らしい方だったそうで、それを引き継いでほしいという思いだったと知ったのは、大学生になってからです。

やはり同世代の人数が多いというのは予算が多くあり、楽しい思いもたくさんできました。東京ディズニーランドができたり、各地の遊園地が発展していったり、今ではどんどん衰退していくような業態・業種が、幼少時代は繁栄していたのです。しかし、逆にいえば人数が多いことで、受験戦争や就職活動は凄まじい競争にさらされた時代でした。

今では考えられないと思いますが、私が高校生だった頃、近所のレストラン「レッドロブスター」のアルバイト時給は７５０円でした。それから20年くらいは同じような時給の表示が貼ってありました。今でもその「レッドロブスター」へは家族でも行くのですが、高校時代にタイムスリップした気持ちになります(笑)。

時代は常に変わります。吹いている風が目まぐるしく変わります。でも、そんな時代の中でも、私は常にポジティブに考えています。どうしてそう思えたのか？　私自身の体験を踏まえながら、将来を悲観することなく楽しんで生きていけるようなポジティブエッセンスを皆さまに少しでも共有できればいいなと思い、この本を執筆しました。

この本を手に取ってくださった方、特にこれから社会へ出ていく大学生や働き出して間もない若手社会人の20代の方にとって、私、田中の失敗談や成功例がひとつの出会いとなり、過去も未来も、良いことも悪いことも、ご自身が経験されるすべてのことをポジティブにとらえ「〝時代ガチャ〟当たり！」と思えるような楽しく幸せな働き方・生き方ができることを願っています。

ニッポー設備会社とは？

日々の豊かな生活を支える、給排水衛生・空調設備工事のエキスパートの会社。創業50年、本社は東京都国立市。

BUSINESS

給排水衛生設備工事 / 空調設備工事 / 設備メンテナンス・修理 / 設備機器販売取付 / 水道施設工事 / リフォーム

HISTORY

1968	田中保信（先代）が個人で設立
1971	株式会社として会社設立（ニッポー住宅設備株式会社）
1973	資本金400万円に増資
1981	資本金800万円に増資
1986	ニッポー設備株式会社に商号変更
1990	創立20周年
1991	資本金2,000万円に増資
1992	社屋新築移転（国立市富士見台2丁目）
1996	資本金3,000万円に増資
1997	資本金4,000万円に増資
1998	事務所移転（国立市富士見台4丁目）
1999	武蔵野支店設立
2000	創立30周年
2003	田無支店設立
	事務所移転（国立市富士見台3丁目）
2009	田中保信 取締役会長に就任、田中友統 代表取締役に就任
2010	創立40周年
2011	資材センター兼社宅設立（国立市谷保）
2012	三鷹支店設立
2015	社宅2号棟設立（国立市富士見台4丁目）
	事務所移転・ショールーム設立（国立市富士見台3丁目）
2017	事務所移転（国立市富士見台4丁目）
2020	創立50周年
2021	事務所移転（国立市谷保）※現在

ニッポー設備株式会社
東京都国立市谷保619
TEL 042-576-6666
FAX 042-576-6694
https://www.nippo-setsubi.com/

第3章 時代ガチャの生き方
──ポジティブ思考は良いことしか生まれない

第1章

仕事をするということ

仕事を楽しくする“職業観”って？

就職氷河期に大手旅行会社に就職してから、
父親の会社を継いだ田中さん。
仕事をするうえで大切にしていることや、
これから仕事をする人に求めることとは――。

〝時代ガチャ〟失敗!? 就職氷河期世代

改めて、初めまして。東京都国立市で55年続くニッポー設備株式会社 代表取締役の田中友統です。ニッポー設備株式会社、略してニッポー設備は、私の父が1968年（昭和43）に個人で設立し、1971年（昭和46）に株式会社となった、給排水衛生・空調設備工事を請け負う会社です。

私は1975年生まれの48歳。中央大学 商学部 会計学科を卒業後、大手旅行代理店に2年間勤めてから、2000年（平成12）にニッポー設備へ入社し、33歳の2009年（平成21）に代表取締役に就任しました。

第1章では、私がなぜ旅行代理店に入社したのか？ なぜ父が経営する会社を継ぐことになったのか？ といったことをお話ししながら、これから社会に出て働く方が、どんな境遇でも仕事を楽しいものとして、また、経験を自分の力にしていけるように、私の職業観についてお伝えできればと思います。

私は大学を就職超氷河期時代（1998年3月）に卒業し、当時は文系が就職したい人気ナンバーワンの大手旅行会社に入社することができました。入学した中央大学の商学部といえば、金融機関に就職される方が多いイメージで、私もそのつもりでしたが、高校生の時には既にバブルが崩壊し、早くも就職氷河期といわれ、在学中に資格を取って厳しい就職戦線を乗り切りましょう！という雰囲気でのキャンパスライフが始まりました。

3歳年上の姉も同じ大学に通っていましたが、彼女は在学中に司法書士試験に合格し、まさに就職氷河期時代の荒波を突破していく、目の前にある見本のような人でした。私自身もいろいろと資格にはチャレンジしましたが、楽しい楽しいキャンパスライフを過ごしながら一方で猛勉強するというスタイルは、姉を見ていて真似したくなかったので、ぼちぼち勉強しながら……の大学生活。紆余曲折しましたが、結局、日商簿記2級しか取れず（趣味のスキーの方は頑張って大学1年生で全日本スキー連盟公認の1級を取得！）3年生の冬に突入していきます。

私が就職活動した1997年といえば、つい最近、円安を更新した時に資料映像として出てくる「社員は悪くありません」で有名な山一證券が倒産した年で、就職氷河期を超えて超氷河期といわれるほどに状況は悪く、同級生は戦々恐々としていました。そんな時に就活を始めたのですが、当時はリクルートから段ボールがひと箱送られてきて、その中の資料を片っ端から読み込んで、興味のある会社に資料を提出するといったやり方でした。今みたいに万人がエントリーできるウェブシステムとは程遠く、中央大学商学部の学生向けパックの中から就職先を選ぶ、といった状況です。もちろんその中には、万人が知るような企業は少なく、そして、もちろんそういった企業は英語力や資格を求めていました。私も、その中から数十社の企業を選び、資料を郵送してエントリーをするといった形で就職活動をしました。

そうしたところ、入社を希望していた企業からは早々に落選通知が届き、あまり興味の無かった人気の旅行会社から選ばれるという奇跡が起きました。当時はまだ目新しかったパソコンを駆使して履歴書を作ったり、カラーの自己PRを作成したり、今では当たり前になりましたが、当時としてはかなり目を引く資料を作ったことで、書類審査を突破できたのだと思います。試験の出来は良い方ではなかったのですが、その資料は、比較的どの企業でも突破率は良かったと思います。面接試験はとてつもなく難関でしたが、洞察力、ひらめき力、周りに流されない力などを評価していただけたのではないかと自負しています。

洞察力は、仕事をする上でも必要です。私自身、昔から少し変わったところがあり、それは今でもそうなのですが、周りとは少し違った発想をするところがあります。例えば、議論はあまり得意ではなかったので、進行役や冒頭のディスカッションは人に任せます。そうしていると、ある一定方向に議論が進んでいくのですが、実は大人が意地悪な方向に結論を仕向けることがあります。でも、それにちゃんと気が付く自分がいて、そうした時に手を挙げて、「その結論は危うい、こうした方がもっと良い」とはっきり言えてしまう〝何か〟を当時から持っていました。緊張があっても、それに流されない主張ができることが評価され、内定をもらえたのだと思います。どうしてそんな能力が身に付いたのか？　これって、社会では大切なことなのに学校では絶対に教えてくれないんですよね。私は、それを本から学びました。あまり大きな声では言えませんが、人はどうしても楽な方に逃げてしまいがちです。積極的に何かをするのは、なんとなく恥ずかしいと思う人もいるかもしれません。

私は、高校時代に本をたくさん読ませる学校に通っていたこともあって、昔から活字を読むことが苦ではなく、人一倍たくさんの本を読みました。人の経験談が書いてある本は、とてもためになります。失敗談、成功談、夢、希望が詰まっている本は、青春の多感な時期の私にしっかりと入りこんで、積極的に自分で何か行動をすることなく、いろいろな考え方に触れることができました。さまざまなことを学ぶべき青春時代に、年齢の離れた大人からアドバイスをもらうことはなかなか難しく、また、素直に受け入れることもできなかったりします。しかし、本はストンと自分の中に入ってきて、多くの学びを与えてくれます。若者に限らず活字離れが加速しているといわれている令和の時代ですが、それでも私は活字の力を信じたいです。自分自身で行動を起こすことが苦手な方には、まずは一冊で良いので、失敗談、成功談、夢、希望が詰まっている本、話題になっている本を手に取ることをおすすめします。

話を戻します。そうして何とか入社した旅行会社でしたが、氷河期というのはサービス業にとっても冬。大手企業が次々と倒産していく中、旅行商品が簡単に売れることもなく、ひたすら耐える時期の入社でした。しかも勤務は朝から晩まで。会社全体も体育会系のノリなので誰も勤務時間なんて気にしていません。しかし、新人の自分にそれだけの時間が必要な仕事量があるわけでもないのに身を粉にして働くことが求められ、ただただ心と身体が疲弊する毎日を送りました。

毎朝6時に起きて7時に家を出て、8時半に出社。定時は9時45分から18時30分。10時になると営業課長から「早く外へ出て1軒でも多く回ってこい!」と言われて外へ出され、16時前に事務所に戻ると「何だ、それだけしか回れないのか!」と怒鳴られました。新入社員に行くあてがあるはずもなく、またそれをきちんと教えてもらえることもなく、新規の突撃営業をただ繰り返す毎日でした。もちろん、旅行の契約なんて取れるはずもありません。本当に不景気で、それどころでは無かった時代です。ちなみに日経平均株価は8000円台でした。

加えて、人気企業に入社することができた自分は仕事ができると思っていましたが、当然先輩や周りの新人含めて周囲も優秀な人材ばかり。私の出た大学・学部なんて同期の中のヒエラルキーでいうとずいぶん下の方です。会社に入って愕然としました。でも、私なりに自分ができること、会社の役に立てることを探しました。

例えば効率良く働くための業務の改善点や、サービスを分かりやすく伝えるためのサイト構築のプランを先輩に提案しましたが、そのような時代だから先輩たちも自分たちが生きていくために精一杯で、新人が提案する新しいことなどを受け入れる余裕はなく、誰もまともに話を聞いてくれません。そんな折、学生時代から付き合いがあった有名なスキーデモンストレーターと行く北海道旅行を企画したのですが、上司からの協力を得られず、そのツアーを受注することが叶わなかったことがありました。この時の経緯は次のようなものです。

ある日、営業回りから戻った際、「おーい、何だかスゲー偉そうな人から電話がかかってきたぞ！ 田中」と課長に言われてメモを見ると、今でも面倒を見てもらっているスキーの先生からでした。びっくりして、すぐ折り返しました。当時はまだ珍しかったウェブサークルがあったのですが、そこで12月に北海道へ行く企画を立てて欲しいとの相談でした。私は簡単に考えて、20名の北海道ツアーを企画しました。すべての予約を終えてチラシを作り、さあこれから募集！ というところで課長から「待った」がかかりました。旅行業法の規定では、不特定多数に募集をかける主催旅行と、サークル内や身内だけに募集をかける企画旅行で法律が異なるのですが、今回のケースはウェブサークルという、課長や先輩たちには何のことだかさっぱり分からない団体での旅行となり、これは主催旅行にしなければコンプライアンス上厳しいとの指摘が入ったのです。新入社員だったということもあり「じゃあどうすれば主催旅行にできるのか」「どうすれば企画旅行の枠に入れられるのか」といったことも、さっぱり分からなかったのです。

その時、誰かに頼ったり先輩たちから手助けが得られれば、きっと大きな仕事となり、今でも旅行会社に残っていたのかもしれません。その先生は他の会社で夏はニュージーランドやオーストラリア、南アメリカのチリのスキー場。冬はヨーロッパ、カナダ、北海道などに行くツアーをバンバン企画していきました。

いち営業担当者の売り上げだけを求めていがみ合うのではなく、会社として売り上げを上げよう！という協力者（味方）をしっかりつけなければならず、そのためには自分も他の方の売り上げのために協力しなければならないということを、この時しっかりと学ばせていただきました。

あともうひとつ、2年目になる頃にリーダーだった先輩が転勤になり、先輩が担当しているお客さまを引き継ぐ機会に恵まれました。私は内心とても嬉しく、先輩が今までやってきたお客さまをしっかりと引き継ぎ、迷惑をかけないように頑張らなければと襟を正しました。営業担当者には「年度予算」というものが割り振られますが、もちろん、その先輩が昨年度に残した実績から算出された予算が、自分にドンと乗ることになります。気が引き締まる思いでした。そうして4月になり、引継ぎをしたお客さまのもとへ行くと、何かおかしな雰囲気がありました。2軒目のお客さまを訪ねて担当者と話をすると、最初は表面上の話をしていたのですが「実は…」と切り出されました。

「前に来てくれたリーダーなんだけど、渋谷支店に転勤して転勤後も近いから再度私が担当します、と言って回ってるんだよ。こっちはどうすれば良いか分からないから困っちゃうよね…」とのこと。
私は驚き、支店に帰って課長に報告をしても「お前が頑張ってその仕事を奪ってくればいいじゃないか」とのアドバイス。その言葉に私はすっかり意気消沈。「先輩も渋谷支店に異動したら、同じことされたのかなぁ」なんて思いながら、非常に効率の悪い仕事様に私は退職を考えるようになりました。固定顧客のいない新入社員が学生時代の付き合いを駆使して作った仕事なのに…せっかく先輩から引き継いだ仕事を頑張ろうと思っていたのに…この2つの出来事が引き金となり、この職場では自分の能力を発揮することはできないと思い、入社2年目に退社を決意しました。

自分と合わない上司がいたり、事務所の雰囲気が自分とは合わないというのが退職の理由ではありましたが、もちろん、せっかく就職した会社を早々に諦めなければいけなかった自分に嫌悪感もありました。でも、今考えれば、早く決断させてもらえたのは良かったと思います。

やはり必要とされる場所に配属されなければ、仕事はつまらないものになります。仕事がたくさんあって、猫の手も借りたいという状況の職場に入り、仕事を覚えて一人前になっていくストーリーが、働く人生の上では必要です。これは、仕事を楽しいと思えるかどうかの大きな分岐点になるからです。

入社した父（当時56歳）の会社は、バブル崩壊の煽りを受けながらも、会社をぎゅっと小さくして、細かいニーズを拾いながら黒字を続けていました。私が大学を卒業し、大手企業に就職したことにホッとしていたこともあり、父としては会社を小さくして、古参の社員に継がせるストーリーを思い描いていたようです。

しかし、突然息子が会社を継ぎたいと言い出したので、もちろん心から喜んだと同時に、軌道修正は大変だったとも言っていました。さらに当時の社員たちは、私の入社に対して「宇宙人が入ってきた～」と思っていたことでしょう（笑）。私は当時24歳。父と同年代の社員からは、完全に避けられていました。

なぜなら小さなことから改革をしていくわけですから、変化には抵抗が伴うのも当然です。さらに、旅行会社を辞めて父の会社を継ぐという選択に対して、私の中ではずっとネガティブな気持ちがありました。それは、父の会社を継ぐなんてカッコ悪いという思い込みと、同期が就職氷河期の中でも必死にチャレンジして苦しんでいるのに、自分だけ就職に挑戦しないことは悪いことだと思っていたためです。

でも、いろいろな人から「父が作ったニッポー設備を継ぐ」というのは、世界でただ一人、私にしかできない選択なのだから、それを選ばないのはもったいないと言われ「人気ナンバーワン企業から父の仕事を継ぐ人間が、世の中にどれだけいるんだろう」という希少性と「同じように苦労をするのであれば、父の会社を良くした方が良い」というポジティブ思考でニッポー設備への入社と、父が作った会社を継ぐという人生を決断しました。

また、大手旅行会社と父の会社という2社を経験して言えることは、入職者が多く競争が激しい会社（業界）と、入職者が足りなく競争が少ない会社（業界）では人材の重要性が変わってくるということです。もうひとつの視点としては、どちらかと言えばこちらの方が重要かもしれませんが、仕事にはすぐに始められる仕事と、ある程度の下積みを経験しなければならない仕事があり、やはり下積みが必要な仕事は今の若者には人気がなく、昔から手に職を付ければ苦労しないという言葉は、どんどん重要性が増していると思います。

大手旅行会社勤務時代は心身共に良い働き方ではありませんでしたが、無駄なことはひとつもありませんでした。例えば、当時の旅行業界の法人営業は、飛び込み営業に電話営業…事務所にいると上司に怒られるといった昭和の匂いがプンプンする雑草営業みたいなものでした。品川に新しいビルが出来上がったと聞けば、名刺を貼り付けたチラシが入った紙袋を両手に持ち、１週間続けて上の階から１軒ずつ訪問。ある日は、課長から渡されたＯＢ休眠顧客の資料をどっさりもらって、会議室で１週間永遠に電話セールス。革靴の底が３カ月でなくなってしまう状況を見た両親が本当に心配をしてくれました。とにかく人前に行ってセールスをして玉砕することに慣れまくった新入社員時代です。先輩の同行で旅行の添乗をすると、深夜までお客さまとの会合があり、大勢の前での挨拶や説明などが必要となるため、ここでは伝えることをしっかり学べたように思います。そして「伝えるだけ」ではダメで「伝わらなきゃならない」ということも学びました。

例えば、バスツアーのサービスエリアでの休憩時間、バスの集合時間とその場所。お客さまに時間を守ってもらえなければ、全体の行程が狂ってしまいますし、似たようなバスがいたら迷子になってしまいます。そこで「どう伝えるか？」を考えました。言葉で伝えても伝わりきらないのであれば、視覚的に理解してもらうように工夫をしました。スケッチブックにマジックで大きく集合時間を書いたり、ナンバーが語呂合わせで覚えられそうであれば、それも一緒に伝える。同じバス会社が連ねて行く場合もたくさんありますから、正確に覚えてもらわないとお客さまはきちんと戻ってきてくれないのです。仕事はこのように、臨機応変に対応していけるかどうかで評価が変わっていきます。

そんな営業畑のセールス一本だった人間が、建設系設備工事会社に入って技術を覚える。当時は本当に大変でした。資格取得の勉強に始まり、先輩や職人さんたちからたくさん仕事を教えてもらい、たくさん失敗して20年。技能的にはやっと少しだけ自信がついてきた今日この頃ですが、臨機応変に対応してきたことで、上手くやってこれたのだと思います。

失敗の話でいうと、失敗してクヨクヨしている若手に、よく失敗の量で説明をすることがあります。「君の失敗を土の量で説明するよ。今回の失敗は園芸スコップ1杯の量。もちろん次に失敗しないように頑張らなきゃいけない。チャレンジしなければ失敗はないけれど、成功もない。自分なんかは土の量で言ったら大型ダンプ10杯くらいの失敗をしている。それでも生きているから大丈夫だよ！」と伝えています。

ユニットバスのドアの位置を間違えたまま納品してしまったり、思い込みからのミスで間違った発注をしてしまうことは幾度とありました。でも、旅行会社と違って、お金さえかければ取り戻すことができます。みんなに謝って、再度仕切り直して、調整をして、もう一度工事をすることができる建設業の仕事は、絶対に手配ミスが許されない旅行会社の仕事とは違い少しだけ魅力だなと感じています(笑)。しかしながら周りを見ても、セールス技術と現場技能を持ち合わせている人間は多くいません。私は2つの技能を掛け合わせた、かなり希少性の高い人間になれました。

また、私はある時、唯一無二の存在になれたと感じた時があります。良いか悪いか分かりませんが、尖がった山の一番先っぽにいるイメージで「あ、今、誰もいない場所に到達した」という感覚です。私が会社を継いでからは会社でLINEのスタンプを作ったり「住サポ」というシステムを新たに導入したり、現場にいながら会社の経営をシステム化したり…。やはり、経営者が現場を知ることが、新しい変革を生んでいくのだと実感しました。皆さんもなかなか自分では気付かないと思いますが、それぞれの特技を研ぎ澄まし「この組み合わせでは唯一無二になれている」という自覚を持つと、自分にとって快適で不思議な世界が開けると思います。

住サポとは？

住宅設備のサポーター「住サポ」

水や空調などのトラブルで困った時に、LINEまたは電話一本で駆けつけられるように独自開発したシステム。

サービスのスタートは2020年5月から。

地元密着企業だからこそできる、気軽に相談できる距離感や顔が見える安心感を大切にし、的確なアドバイスと確かな技術力で、多くの顧客から信頼を得ている。


ホームページでは各種工事に関する費用を記載しており、明朗会計で素人でも分かりやすいと評判。

対応エリアは、国立市、立川市、国分寺市、日野市、府中市（エリア外でも相談可能）。

あたりまえの暮らしを支える住宅設備のサポーターとして多くの人の生活を支えている。

住サポ

by NIPPO 日々豊かな生活を支える ニッポー設備株式会社

堀江貴文さん著の『多動力』（幻冬舎）にも書いてありましたが、特技が1個だけだと自分よりも上であったり、たくさんのライバルがいたりします。でもそれを2個以上組み合わせれば唯一無二の存在になれるのです。この本を読んだ時に、これだ！というひらめきと共に、先っぽへ行く努力をしました。皆さんもぜひ、特技×特技を見つけてみてください。

そもそも設備工事（設備システム）を広く知っている人は希少です。私のように現場にいながら資格もたくさん持っている人は、そう多くはないでしょう。もちろんそれだけでは先っぽに到達できません。でも、それを普通の生活を送っている方に分かりやすい言葉で説明できる人間は意外と少ないのです。

旅行会社時代に突撃営業をしたり、バスの中でマイクを握ったり、温泉旅行の添乗でお客さまとカラオケボックスへ行って順番にマイクが回ってきたり、そういった時の経験と、ニッポー設備での日々が重なり、そして他にもいろいろな（時には辛いことも）経験を積んで今の位置まで到達できたと思っています。

希少性が高い職業は、世の中から重宝され、人生を豊かに過ごすことができるのではないのかと思います。営業も技術です。接客も技術です。どんな職業も技術として捉え、ひとつではなく2つ3つを掛け合わせることで唯一無二の希少性の高い人財になれると私は思っています。

そして、これから社会に出る方に向ける言葉ではないかもしれませんが、気持ちが楽になる心構えをひとつお伝えします。私は、楽しかった学生時代から苦労をするであろう社会に出る時「懲役に服する」と思って出ました（笑）。大袈裟に聞こえるかもしれませんが、そう思えば仕事で大変なことや苦しいことがあっても「別に大したことない」と思えたのです（それほど学生時代が楽しかったというのはありますが…）。

懲役の例えからさらに例えるなら、何か間違いを犯して懲役を受けたとしても、その中でいかに楽しく充実した期間を過ごせるかどうかを考えれば良いとさえ思っています。懲役中は許されるだけの本を誰よりも読み、社会に戻った時に浦島太郎状態にならずに出ていこうと思えるかどうか。例えば罪を犯してしまった人ばかりの環境を活かし、その人たちの気持ちを一人ひとり聞いて書き留めて、出所後に本を出版するという次の目標を考えても良いでしょう。

大変な世の中を生きていると「時代ガチャに外れた！」と感じてしまうかもしれませんが、すべての事柄・経験をポジティブに捉えて未来を考えて過ごすことによって、必ず自分にとってより良い未来が生まれてきます。私の場合は大手企業と地域密着型の中小企業を経験したことで、セールス技術と現場技能を持ち合わせた人間になれました。あなたの経験はあなただけの武器です。経験を積んでそれを掛け合わせて、唯一無二の武器を磨くことで、時代を生き抜くための武器をどんどん強くしていってください。これが、就職氷河期時代に大手旅行代理店に入社し、退職・転職して親の会社を継いだ私が感じる職業観です。

社会で「活きる人」を目指す

先ほども書きましたが、私が就職したのは就職氷河期時代。仲間内だけではなく社会全体が暗い雰囲気でした。今でこそ「就職氷河期に新卒だった世代に優先的に正社員の職を」なんてことを言い始めていますが、当時は本当に景気が悪いし、大学生（ライバル）の数は多いし、救いようのない時代だったわけです。まさに「時代ガチャ、ハズレ！」と言ってしまいたくなります。

それでも就職活動は一生続いていく「働く人生」の入口なので、自分が何になりたいのか、自問自答を繰り返しました。当時は就職活動をする学生が活用できる適正検査系の本が書店や大学に積んであり、その結果なども参考にしながら見えてきた自分に合う職種を探しました。それが「お客さまに笑顔になってもらえるような仕事」でした。そしてリクルートから届いた段ボールの中にあった求人から、人の役に立って喜んでもらえるような仕事を探した結果が、サービス業、旅行、交通系へ興味を持つきっかけでした。

今思えば、なんて浅はかな考えしか持っていなかったのだろうと思います。お客さまに笑顔になってもらえるような仕事の種類として、サービス業、旅行、交通系しか思いつかなかったあの頃の私に戻って「そうじゃない！」と伝えたいです(笑)。

よく周りの人からは「なぜ新卒の時にニッポー設備に入らなかったの？」と聞かれましたが、これも先に書いた通りネガティブな気持ちがあったのです。若くて物知らずだったからですが、親の会社を継ぐなんてカッコ悪いという思い込みと、同期が就職氷河期の中でも必死でチャレンジして苦しんでいるのに、自分だけ就職に挑戦しないことは悪いことだと思っていたためです。

加えて私の場合は、父の仕事を近くで見続けてきた母が「あんなに大変な仕事を継ぐなんてしなくて良い。せっかく良い大学へ行ったのだからサラリーマンで良い」と、ことあるごとに囁いていたのも大きく影響しています（笑）。

でも、いざ外の社会に出てみたら、エリートといわれるような人たちでさえ幸せではなさそうだし大変だし、まともに働けていないことに気づいてしまいました。これは若いうちに見ることができて本当に良かったと思います。「お客さまに笑顔になってもらえるような仕事」をするために入ったはずの会社なのに、働いている先輩や同期たちが全然笑顔じゃない。ここで自分が求めている「お客さまに笑顔になってもらえるような仕事」ができるのか…。それなら父の会社で頑張って、自分も楽しく笑顔で働いて、お客さまの笑顔を見られるようにしよう！　それがニッポー設備に入った時に一番大切にしたいと思った気持ちです。

そうしてニッポー設備に入って数年間は、入札や経理の仕組みなどを見て手伝って習いました。業務で定められた時間以外も使って、できる限りのＩＴ化を進めました。それこそどんぶり勘定だったお金の出納をＰＣで管理するようにしたり、CADの導入を進めたり、父がしてこなかったことをできるだけして業務の効率化を図りました。

父は「65歳(2009年)まで一緒に頑張ったら、あとはきれいさっぱり引退する」と宣言していたので、時間をかけていろいろ整理して会社を変えていきました。その間は本当にこれでもかというくらい喧嘩をしましたが…(笑)。

ちなみに、この喧嘩というのは、お互いの些細な違いを責め合うことが多く、ほとんど同じ方向を向いている矢印のたった1度違った角度を責め合うものが多かったように思います。昔から怒り出すと止まらない父の性格もあって、何度も「辞めてやる!」と思うこともありました。でも、そんな時はいつも社員さんに言われたのです。「社長(父)の立場を考えて、専務(私)は一歩引きなさい」と。さすがにベテランの社員さんたちになだめられると、専務としての意地もあったので、何とか和解をしました。親子じゃなければこんなに喧嘩もしなかっただろうし、逆にあれだけ喧嘩をしても離れずについていけたのだと思います。そんな私のことを最後は心から信頼してくれました。そして「あとは任せたから安心して天国で見ているね」の言葉を掛けられて、どれだけ涙したことか…。

私は中学生ぐらいの時に決めた思いを、今でも変わらず持ち続けています。それは社会の中で「活きる人」でありたい、ということです。とにかく人の役に立つ仕事がしたいというモチベーションが誰よりも強いのです。何しろ病弱な幼少時代を過ごしたので、いつも人に助けてもらって過ごしていました。そのため、自分で何でもできる、どこへでも行けるという自由を手に入れられるようになるまでは少し時間がかかりました。

また、中学時代に起きた天安門事件は、その後の自分に大きく影響を及ぼしました。子どもの頃に「親ってずるい！大人ってずるい！」と思ったことは誰しも通ってきた道だと思います。私もそうでした。アレをやれ、コレをやれと大人たちに言われ、遊ぶ時間も自由もない中学時代。そんな時、学生が立ち上がって民主化運動を起こした天安門事件をリアルタイムにテレビで見たこと、そして日本も過去には学生運動があって、自分の権利や正当な主張を届けていくことが民主主義の世の中では必要なことだと、この事件から学びました。

天安門事件は、残念ながら民主化は失敗しましたが、ゆっくりではありますが中国でも自由な世の中に進んでいるかと思います。天安門事件は「人に影響を与える人間になりたい」「思ったことを実行できるような強い人間になりたい」と強く思うような事件でした。そうして、他人に影響を与える人間になりたいと思うようになってからは「活きる」という文字を使うようになりました。水の波紋のようなイメージです。私がとぷんとその場に入ると、周りの人に波紋のように伝わっていくといいなと考えています。

また、父から受けた影響も大きく、この後の章にも記しますが、自分が生かしてもらっていることへの恩返しをしたいという気持ちが私には人一倍あります。そのため、地域の活動や災害支援を積極的に行うようにしています。

例えば、ニッポー設備に入社してすぐ、商工会青年部という組織に入りました。ボランティア活動をする組織なのですが、その活動の目的は「地域を良くすること」です。自分たちが住んでいる地域をマーケットとしている私の会社は、自分の事業だけが発展するのではなく、地域のみんなが発展していった方が良いので、そういった地域の文化を商工会青年部で学ぶことができました。また、天下市という大きな商業祭を主催していたこともあり、イベント運営にも精通することができましたし、卒業した今でも毎年天下市には出店しています。

「天下市」とは？

国立市最大の祭典「天下市」

JR中央線国立駅南口にある「大学通り」の両側にテントが並び、地元個店による飲食・物販や姉妹都市によるブース出展などが行われる市民参加型イベント。

毎年約30万人が訪れる国立市最大の祭りで「天下に恥じない商人道を歩んでいこう」をスローガンに1964年からスタート。


主催は国立市商工会 青年部、協力は国立市商工会／国立市／一橋大学／国立市観光まちづくり協会。

最終日は大学通りが歩行者天国になり、パレードや神輿、ダンスなどの催しが行われる。

2023年は56回目を迎え、11月3日（金・祝）から5日（日）の3日間で約100のテントが並んだ。

今思えば、もしサラリーマンを続けていたら、果たして社会の中で「活きる人」でいられたかどうか……時々思案します。お客さまに笑顔になってもらいたい、人の役に立つ仕事がしたいという気持ちは、新入社員の頃の私も、父の会社を継いだ今の私も変わらず持っていますし、この軸があるかないかで仕事を笑顔で楽しくできるかが大きく変わってくると思います。こうして２００９年（平成21）の4月に私は33歳でニッポー設備の代表取締役に就任し、同時に父・田中保信は会長職に退き、その頃から表向きにも「息子が会社を継いで二代目になった」という形になりました。

会社を継ぐことに対して、妻はもとより、あれだけ反対していた母でさえ、前向きに受け止めてくれました。妻とは旅行会社勤務時の同期で、新入社員時の出会いがきっかけとなり、サラリーマンだった頃から交際を始めたのですが、もちろん「父の会社を継ごうかと思っている」と話した時には、これからどんなことが起きるのかなんて想像がつきませんでした。しかし、同じ会社での苦労と薄給を知っているので、会社を継ぐことに賛成してくれていました。

妻に会社員だった頃の私の印象を聞くと、新入社員にも関わらず私には「長いものには巻かれろ」だとか「郷に入っては郷に従え」という考えがなく、常に「この仕事はやり方がおかしい」とか「上司のこういうところが良くない」などとはっきり言うので、組織の中で長く働くことに向いていない、それなら経営者の方が良い、と思ってくれたようです(笑)。

母はというと、母の知識の中にあるサラリーマン像とはずいぶんとかけ離れた私の会社員生活を見ていた半面、父がリスクを背負っているのを知っていて、サラリーマンであればそのようなリスクを負う必要はないし、大手企業を辞めるのはもったいないという思いもあったようですが、私が継ぐと話した時の父の喜びようを見て、最終的には反対はしませんでした。

ニッポー設備への入社は２０００年（平成12）で、５年ほど専務取締役を務めてからの代表取締役就任だったので、仕事の中身としてはあまり変化はありませんでしたが、父は宣言通り仕事には一切関わらなくなり、良くも悪くもすべて二代目社長である私の責任になりました。

会社を継いだ際に父からよく言われたことが2つあります。ひとつは「自分のスケジュールで動けなくなる」ということ。もうひとつは「従業員は自分の半分やってくれたら褒めてあげてくれ」です。

スケジュールの件でいうと、今は勝手にどんどんスケジュールが埋まっていく状態です。会社での仕事のスケジュールもそうですが、それ以外の会議、会合、イベント、勉強会、交流会…数えきれないほど多岐にわたるところに顔を出しています。あっという間に月日が迫ってきて、どんどん時が追い越していくような感じです。夜の就寝前にベッドの上で安堵して寝る時は、あ〜今日も無事に終わった〜バタン。といった感じです。

従業員の話は、自分が100点の場合は50点。今の自分は80点くらいだから、40点取れば合格！ そう思って多様性を尊重しながら、いろいろな社員に働いてもらえるようにと考えています。

会社を経営するのは重い責任がありますし、長時間働く場合もあって簡単なことではありませんが、それでもサラリーマン時代に感じていた「削られて消耗していく感覚」がないのは不思議なものです。しかし、二代目は父や他のベテラン社員と比べられるというプレッシャーを感じる部分は多くありました。でも社会で「活きる人」を実感できるということもあり、楽しさの方が勝っていました。やはり、自分の中でブレない芯を持つことが行動力に繋がりました。

そして、父はやはり感覚の人だというのも実感しました。40年間それでやってきたわけですからすごいと思います。ちなみに父は左利きのAB型。非科学的な感想ではありますが、左利きのAB型はやはりすごいです（笑）。

私は父ほど知識も経験もありませんでしたが、感覚の人（父）が言っていることを明文化していく作業をしました。経営理念を作ったり、就業規則を公開できるものにしたり、ルールを明確に文章にしていく作業です。父は時として、以前決めたことを簡単にひっくり返す人だったので、特にお金のことはしっかりと明文化しました。契約書、支払い方法など、書面で交わしていくことは重要ですし、信頼構築にも役立ちます。

自分のアイデアで仕事や会社を組み立てて、新しいことに挑戦しながら、お客さまに喜んでいただける仕事なんて、なかなかありません。まさに社会で「活きる人」です。今はどこも跡継ぎがいないことが問題になっていますが、実際には後継者がいてもすんなり引き継げるかどうかが難しいのだとつくづく思います（多くの企業の内情を見ている銀行に聞くと、親から子へ代替わりした会社で上手くいくケースは少ないそうです）。

そう思わせてくれた会社を創った父は、２０１７年（平成29）に天国へ旅立ちました。73歳でした。もっと長生きをしてもらいたかったですが、満州生まれで高度経済成長期を駆け抜け、バブルも経験して会社を残す人生なんてそうはないですから、満足だっただろうと思います。最後はがんの治療で辛いこともあったでしょうが、家族みんなで一緒にいることもできましたし、会社を継いだことも親孝行になったことと思います。これからの時代、父の時代とはやることもやり方も違ったものになるのは当然ですが、父も間違いなく社会で「活きる人」でした。時代が変わっても、お金にクリーンであること、人を大事にすることなど、父が残してくれた遺伝子はしっかりと受け継いでいきたいと思っています。次からは、仕事をする上で父から学んだことについて触れていきたいと思います。

水の流れに乗り、時代を読む

生前、父がよく言っていた言葉があります。「水の流れは変えられない」。なんだか水道屋らしい言葉ですよね（笑）。でもこれは、川は必ず上流から下流に流れ、海に流れていく。塞き止めてもいずれ流れる。流れに抗ったところで、人の力はたかが知れている―そういう意味です。

流れに身を任せろと言われても上手くいった試しがない。時代ガチャのせいで自分の人生は上手くいかない。不幸せだと思う、悩みが尽きない、はたまた何が悩みかすらも分からない…そういう人も多いと思います。そう少しでも思うならば、成功している人や、こうなりたいと思える人に相談するのが解決の一番の近道です。今はSNSで多くの人が発信し、容易に繋がれる時代です。いろいろ話を聞いてみたいと思えばSNSを辿って連絡してみるのも良いと思います（ちなみに私は、Facebookで繋がったある方に連絡をして、テレビ出演をした経験があります。これは後々お話しします）。

今、大学を卒業される方は、就職氷河期とはまた違った意味ですごい境遇だと思います。新型コロナウイルスの蔓延で大学に通えず、サークル活動もままならず、人とのコミュニケーションが希薄な学生生活を送ってきたと思います。学生時代にやりたいと思っていたことが思うようにできなかった人もいるでしょう。でも、どんな時代にもいろいろな環境があるのは当たり前で、その中でも生きていける力を鍛えるのは誰にでも平等に必要とされています。

生きていく上で大切なのは、時代の風が見えるかどうか。これは一番重要だと思います。学校で習う数学や歴史など、過去から学ぶことはとても重要ですが、知っているからどうではなく、それらをどう未来に活かしていくか。未来は見えないけれど、今がどうか、ということを理解できるかということです。

例えば、私の友人が『ビジネスで大切なことはみんな吉祥寺の焼き鳥屋で教わった』（玉岡一央著）という本で書いていたのですが、人口の推計だけは未来が読めます。少子高齢化であるならば、これからは少子化対策にビジネスが生まれる可能性があり、世界の人口増加を見れば、アジアや世界各地を見ていく必要もあります。予測は外れるかもしれないし、確かなことはひとつもありませんが、見えるものを頼りに、何をしていく必要があるのかを考えていくことはとても重要だと思います。世界に流されながら、自分が何かできるのか、考えてみてください。

ちなみに、私の時代の読み方は、新聞を読んでラジオを聞くことです。普通ですよね。でも、その普通を毎日きちんとできる人って意外と少ないのです。ネットニュースは自分が興味のある分野しか目に入ってこないため偏ってしまいますが、テレビやラジオのニュースは、あらゆるジャンルの話を目と耳にすることができるのでおすすめです。私は毎朝6時に起床して、身支度をしながらNHKのAMラジオをアプリで聞いて情報収集をします。時事ネタから一般的なニュース、季節の特集などを通して、自分が好きなことも嫌いなことも知らなかったことも、自然と自分の中に入ってきます。途中でラジオ体操するのも日課です。それから朝食を摂りながら新聞を読み、ラジオを聞き、家族と会話もします（四刀流？）。そして、気になる地域や出来事があれば、実際に現地へ見に行っています。地方に旅行をして自分の足で気になる場所へ出向き、できる限り地元の人に話を聞くことで理解度が倍増します。東京や都市部にいたら絶対に分からないことがあるので、これもおすすめです。

　私自身、この不透明な時代に、これからどうやっていこうか、確信が持てず100％の自信もない中で、でも自分を信じるしかない、と思いながらやっていることも事実です。分からないなりに「自分は絶対大丈夫」と信じて日々やっていたとしても、ある時突然、自分が思っていた方向と時代の流れが違ったり、適応範囲を超えるような出来事が起こったりして、本当にやっていけるのかは分かりません。でも、仮にそういう想定外のことが起こったとしても、この仕事を自分が生きていくためにするのであれば、1分1秒でも自分のやり方でやっていくのが必要だと思います。

　そして、何かにチャレンジして失敗するよりも「前回は失敗したからこのやり方はやめよう」とか「あのやり方では上手くいかなかったからやめよう」というような、経験が行動を制限するようになったら終わりだとさえ思っていますす。そのやり方でチャレンジする「今」は、そのやり方をした「過去」とは、境遇も時代も違うからです。

新入社員の時、経験が少ないことから不安になることがたくさんありました。でも社会人になって約30年、今まで積んできた経験が活きることはたくさんありますが、同時に経験が邪魔をしていると感じることも多くあります。歳を取ると特にそうです。成功の方程式が分かるとそれしか使わなくなり、チャレンジしなくなるからです。

しかし、若いうちは良いのです。失敗してもまったく問題ありません。むしろ失敗してください。先述した通り、私のような経営者になると、大型ダンプ10トン分の土の重さくらい影響がありますが、新入社員や社会人歴が短い皆さんがする失敗は、せいぜいスコップ1杯くらいです。同じ失敗をするのは良くありませんが、失敗を糧にして改善していけたら、経験値が上がります。失敗は成功のもと。そしてその失敗で苦しめば良いのです。苦しめば苦しんだほど、後が楽です。若い皆さんは、時代の流れを読み取りながら周りに流され、さまざまなことにチャレンジして失敗して学んでください。多くの経営者はそういう姿勢の人材を求めているはずです。

適材適所を見極める

建設系設備工事会社にはよくあることですが、ニッポー設備の社員の中にも職人と呼ばれる専門職はいません。社員が外部のメーカーとやりとりをして資材を発注・手配し、これまた外部の職人さんに工事を依頼することで、お客さまの要望に応えています（私たちはサービスマンなので簡単な工事なら自分たちでやることもありますが、それを超える技量が欲しい案件は専門の職人さんに依頼をします）。

実際に工事ができるのは職人さんなのだから、職人さんだけでお客さまのお宅に伺えば良いのに…と思われるかもしれませんが、私は職人さんをお客さまの要望を聞く担当者にするのは難しいと思います。お客さまは頭の中に考えがあって、それを言葉にして伝えてくれますが、それを正確に受け止めて、100%、なんなら120%で返してお客さまの要望を実現できるかどうかがこの仕事が評価される点ですが、それができない、言われたことしかしない、お客さまの意図を上手にくみ取れない、人とコミュニケーションを取るのが苦手だから職人になっている人がとても多いからです（会社に属せない一人親方が多いです）。だからこそ、私たちのようなサービスマンが求められています。

コミュニケーションを取るのが苦手な人（職人）たちがそれぞれ持っている良いところを上手く活かせるように我々が指揮を執り、調和させることで良い現場になるようにしています。オーケストラがあって、その中の一人だけ楽器を弾いても音楽は出来上がりませんが、いろいろな人が弾いてハーモニーになるからこそ音楽になる。我々はその指揮者ということです。良い音楽を奏でるために、協力先のメンバーと密にコミュニケーションを取りながら、お客さまに満足いただけるサービスを届けています。

　また、心を通わせている職人さんとそうでない職人さんとでは、仕上がりが違ってきます。お客さまの頭の中を十分に知った私たちサービスマンが職人さんに指示を出しますが、それが上手く伝わらないこともあります。気心が知れた職人さんたちとの現場は、一発で良い音が出るオーケストラのようです。何も言わなくても想定以上の良いものが出来上がったりします。それにはやはり普段からきちんとコミュニケーションが取れてないと実現できないと思います。

　これは、旅行会社にも共通する点があります。旅行会社はホテルを持っているわけでも、バスや電車や飛行機を持っているわけでもないけれど、お客さまに満足いただける旅行を手配・提供しています。旅行会社も建設系設備工事会社も、手配と調和（ハーモニー）が求められます。これは旅行会社勤務の経験が活きていると実感しています。

　職人さんなど協力先メンバーとのコミュニケーションの取り方はさまざまで

すが、現場に入って昼食を一緒に食べたり、以前は40名くらいの協力先メンバーと一緒に東京ディズニーランド研修を実施したこともあります。40名のおじさん集団が東京ディズニーランドにいる様子は、ディズニーキャストから見ると不思議だったに違いありません…(笑)。

他にも、事故や怪我がないように安全に仕事を進められる方法を学ぶ「安全大会」も毎年開催していて、これも大切なコミュニケーションの場になっています。安全大会は、ヒヤリハット(危ないことが起こったけれど、幸い災害には至らなかった事象)を見つける練習や、安全啓発の動画の視聴など、少しでも有意義な時間が過ごせるようにと工夫しています。また、功労者を表彰したり、プロを呼んでラジオ体操の練習をしたこともありました。このような取り組みを行ったことで産業安全の重要性への姿勢が認められ、お客さまから感謝状をいただいたこともあります。

コロナ禍以前は若手を集めて1泊2日の研修旅行やゴルフコンペ、顧客満足度向上に繋がるＣＳ（Customer Satisfactionの略称。日本語では顧客満足度と呼ばれ、自社の商品やサービスに対する顧客の満足度を数値化したもの）を学んでもらうために、メーカーの相談センターに寄せられたクレームの録音などを聞き、お客さまがどうして怒ってしまったのか、１００点の答えではなく１０１点の答えを出せるように対応を考える事例研修も行いました。

また、業務に直接関係のないことではありますが、なんなら建設業としては必要がないかもしれませんが、一流のサービスを受けて良い気分になることを実感してほしいという思いから、ニッポー設備創業50周年を記念して、２０２０年に立川市にできたホテル「SORANO HOTEL」に社員とその家族を集めて利用したこともあります（私たちが団体利用客第一号だったようです）。この業界で働く人は高級ホテルを利用する機会は少ないと思うのですが、だからこそ良質なサービスを体感してもらいたくて企画しました。このような体験を通して結束力も高まれば良いなと思っています。

イキイキとした自分でいられるかどうか

私は銀行からお金を借りることを悪いことだとは思っていません。むしろ良いことだと思っています。何故なら銀行はむやみにお金を貸してくれません。そこには自分に投資をするだけの価値があると思っていただいていることの裏返しだからです。

無借金経営も時には必要ですが、やはり金融機関から借入をして、それを「こういう計画で返済していくんだ！」という気持ちになり、信用獲得のために邁進していくことが必要だと思っているからです。いつも光り輝いていれば、金融機関は助けてくれます。

実は、父が亡くなりそうな頃、会社の雰囲気がとても悪くなった時期がありました。従業員が連鎖的に退職していく負のスパイラルに落ちる予兆を感じたのです。私は社長になった時、これからは個人宅のリノベーションや細かなニーズに対応できる業者が必要とされる時代がやってくる、それに備えるためには今まで以上に優秀な人材が必要だと感じ、積極的に新卒入社の社員を採用し、かなりの費用をかけて若手の教育を行いました。しかし、一から育てて資格を取った社員が、ひとり、またひとりと辞めていくのです。最初は何が起きているか分かりませんでした。

後から気づいたことですが、当時、お客さまからの信頼獲得のために会社のホームページに社員の顔写真、名前、持っている資格を公表していたのですが、これがヘッドハンティング会社の餌食になっていたのです（経営者仲間に話したらやりがちだから気をつけようとなりました…）。当時は東京オリンピック前ということもあって、建設業界で資格を持った人材は引く手数多。そして気づいた頃には時既に遅し。負のスパイラルを止めるため、会社の売り上げを半減以下にするために大規模リストラを実行しました。

このままいけば数年でダメになってしまうほど落ち込んでいたため、会社存続のための経営判断として30名いた社員を10名にしました。そうしたことで売り上げも3割まで落としました。会社を残すためには必要なことでしたが、ちょうどその頃、父の病状も悪化の一途だったので、さすがに心が折れてしまった瞬間でもありました。父の死後、相続の手続きなどで金融機関と話をする機会が多々あったのですが、その時に「いっそのこと会社を売却したらいくらになるか？」と試算をしてもらったことがあります。その時に出てきた金額は、数億円。…実はかなり心が揺れてしまいました。ちなみに、この心が揺れていたことを知っているのは妻のみ。これまでは社員も誰も知らない秘密です。

しかし、妻は私にこう言いました。「今、会社を売却して何するの？ 数億円よりも、今あなたが楽しそうに活き活きと仕事をしていて、ニッポー設備の田中友統だと言って地域に出て行って信頼されていて、それを無くすのは勿体無いんじゃない？」と。「それもそうだなぁ」と思って今に至るのですが、当時のことを妻に聞くと覚えていないと言うのです（笑）。それほど大変な時期ではありましたが、田中の家系にはサラリーマンがいないので、どこに勤めても長続きしないのでは？　とは思っていたようです。

こうして会社を小さくしてからは、２〜３年は心が折れたままでした。これまで会社に出入りしていた金融機関や営業マンさえ来なくなり、こんなにもサーッと人が去っていくものなのかと驚きました。でもその半面、それでも周りにいてくれる人のことをより一層大切にしよう、私のことを頼ってくれる人を見捨てないようにしようと思った出来事でもありました。

経営者のパートナーとして

常日頃から田中さんを陰で支えている奥さまに、
一番近い場所から見た経営者・田中さんについて聞きました。

こんにちは、田中友統の妻でニッポー設備経理担当の田中千恵子です。

夫はサラリーマンだった頃、まわりのことや自分が良いと思う働き方ができないことに、とてもストレスを感じていたようでした。ですから、同じストレスを受けるのであれば、経営者として受ける今のストレスの方がやりたいこと・やるべきことを成すためのものなので、ずいぶん健康的になったように思います。

ニッポー設備の社長になったばかりの頃は、周りからどう見られているのかが気になるのか、イライラすることも多かったように思います。先代と一緒に2人で働いていた頃が会社も彼らも一番元気だと言われていましたから…。その後、大規模リストラを行い、会社を小さくしたことで心が折れたと言いますが、私は会社を小さくすることが悪いことだとは思いません。むしろ、それまでが身の丈に合わないのでは？ 分不相応に大きく見せてしまい、そこに人が大勢集まっていただけなのでは？ と感じることもあったので、会社を小さくして良かったとさえ思いました。

　私は経営者ではないですし、サラリーマン家庭で育ってきたので、雇われている会社を辞めて親の会社を継ぐこと、それを大きくすること・小さくすることがどういうことなのか、そもそもどんなリスクがあるのか、何がリスクなのかさえ分かっていません。でも、経営が転ぶくらいは立て直せば良いことです。それよりも、社員が怪我をしたり、人に怪我を負わせてしまったり、事故に遭ったり巻き込まれたり…建設業だとよくある話ですが、そちらの方がよっぽど怖いことだということは分かりますし、そこは経営者の妻として、夫と共通認識を持っているつもりです。

　夫は仕事が嫌いではないことと、周りにいる人を大切にすることが経営者に向いているのではないでしょうか。最盛期に比べて会社は小さくなったかもしれないけれど、自分たちや社員たちが生活できるだけの最低限をコツコツとやっていけば良い。結婚してもうすぐ四半世紀になりますが、横で見ながら常にそう思っています。

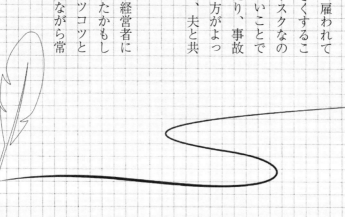

第2章

地域密着型企業

味方を増やすことが成功のカギ

ただ仕事をするのではなく、
地域のため、人のためという大義名分のもと働く田中さん。
第2章では具体的な例を挙げながら、
仕事を楽しむヒントを伝えます。

〝困った時のニッポーちゃん〟になる

私が仕事でもプライベートでも大切にしているのは、スピード感と約束を守ること、そして信頼できる仲間を作ることです。お客さまのために納得のいく説明をできるだけ早くしたい。お客さまに対してはもちろん、仕事相手に対しても、です。私にとっては当たり前のことですが、これが意外とできていないことで上手くいかないのでは？という人を何人も見てきました。例えば、とある金曜日、朝起きると夜中の12時頃にお客さまからＬＩＮＥでメッセージが届いていることに気づきました。

内容は「突然停電した。ブレーカーを上げたけれど直らない。4月に田中さんに付けてもらった給湯器の電源を入れるとブレーカーが落ちる」といったものでした。私はその内容をすぐに修理担当スタッフに伝え、さらに電気の専門職の職人（電気屋）を連れて行って対応をした方が良いとアドバイスしました。ブレーカーに異常があるならば、設備工事屋の私たちよりも電気屋の方がすぐに判断と処置ができると考えたからです。私が連絡を受けた日の午前11時頃には修理担当スタッフが現場に到着し、給湯器を確認すると中にナメクジが入っていたことがショートして停電した原因だと分かりました。そしてブレーカーを新しく変えて、その日のうちに改善することができました。このように、午前中には修理スタッフが現場に伺い、一日以内に解決することができたのは、連絡を確認してすぐに行動を起こしたからです。

また別の日の金曜の朝8時頃、趣味で続けているスキーの仲間から「給湯器の電源が入らない」と連絡がきました。私はその時は新幹線に乗って移動中だったのですが、ブレーカーの状態や状況などを聞き、いろいろ試してみるよう遠隔でやり取りをしたところ、約30年前の給湯器だということが判明しました。ニッポー設備の修理担当スタッフに急いで現場に入れるかを確認したら難しかったため、すぐに別の方法に切り替えて、野球チームで一緒のガス給湯器を手配できる業者に連絡をし、その日の午後一番にはスキー仲間の元へ業者を派遣しました。

お湯が出ないという状況は、お客さまにとってはいち早く解決したいことです。ですからすぐの対応が必要です。工事費の見積りも、その日の内に提示をして決めていただくのがベストでしたが、特殊な給湯器だったため難しく、「見積りは月曜日なら出せて、給湯器は水曜日に手配できる」とのことだったので、それは彼にお願いしつつ、同時に私の方では、できるだけ早く取り付け工事ができる職人さんを探して水曜日の予定を確保しました。もし月曜日に提示した内容に納得をしてもらえなければ、この職人さんの手配はキャンセルになります。しかし、それは私と職人さんとの信頼関係の問題であり、私は信頼関係を築けている人としか仕事をしないので、まったく問題はありません。関係性が構築できていれば、電話1本で動いてくれる。そういった仲間を作ることも私にとっては普通のことで、このことを大事にしているから仕事を円滑に進めていくことができています。皆さんも困った時に頼りにできる人をたくさん持つ、そのためにもいろいろな人を助ける人になってください。

私は、家族にも社員にも「頻繁にスマホを手にしているなぁ」と思われていますが、スマホはおおよそ30分に1回はチェックするようにしています。私のSNSは、プライベートと仕事の分け目などありませんし、会社の公式SNS（Facebook、インスタグラム、LINE）の問い合わせも私のスマホで見られるようにしています。何しろ早いレスポンスをすることが受注に繋がり、さらにはお客さまからの信用に繋がるからです。

これは、旅行会社勤務時代に感じた競争の多さが糧になっています。早いレスポンスをすることにより、お話をいただいた7割以上のお客さまから受注をいただく結果に繋がっています。旅行会社勤務時代には、頑張って企画書を作っても、受注確率は1割くらいだったので、それから比べると今は驚異的な受注率です。

ちなみに、ガス周りの話でいえば大手に相談をすれば当日修理も可能だと思います。けれど、その分もちろん修理代は高額になります。そういったことも踏まえて、お客さまにとって一番良い解決法をご提案することが必要であると同時にニッポー設備に求められていることだと感じています。それが結果的に、お客さまとの信頼関係にも繋がると考えています。

もうひとつ大切にしていることでいうと、私の使命ともいえることに「詐欺撲滅」があります。私たちの仕事は一般の方に分かりづらく、詐欺業者が本当に多い業界なのです（ちなみに、インターネット検索でトップに出てくる業者は信頼できないので、会社の住所からグーグルマップ ストリートビューで確認することをおすすめしています）。詐欺撲滅の話でお伝えすると、以前このようなことがありました。決算を無事に終えた4月のある日、税理士さんと夜に食事をしていたら、何度も仕事をオーダーいただいているよく知る女性から電話がかかってきました。

「ごめんー！ ニッポーちゃんに頼めば良かったのに、トイレが詰まって困って息子に頼んだら水道屋を呼んでくれたんだけど、いろいろ試しても改善されなくて、ボルトが錆びていて取り外しができないから修理には特殊ワイヤー付高圧洗浄車が必要で費用は300万円かかりますって言われたのー!!」という取り乱した内容でした。これは明らかに詐欺です。私は彼女を落ち着かせ、その業者には理由をつけて早く帰ってもらった方が良いとアドバイスし、急いで会社のグループLINEに連絡を入れて現場対応ができるスタッフを見つけ、彼女のご自宅に向かわせました。私も食事の会計を終えて雨が降る中、急いで現場に向かいました。30分ほどかかりましたが、着いた頃には修理担当スタッフが到着しており、修理不可能と言われたトイレがいとも簡単に直った、という状況でした。ちなみに、その詐欺業者には出張料金として1万2100円を支払ったそうです。直してもいないのにあることないことで脅して1万2100円です。このようなことからも、私たちのような知識がある人間は社会や地域から必要とされていると感じます。

もうひとつ詐欺まがいの話をしますと、未然に防げたことがありました。それは、とある女性からバスルームのリフォームがしたいと相談を受けた時のことです。彼女は人間工学の研究をもとに設計されたということが売りの高級ユニットバスを望まれていて、工事費用などを含めて総額200万円ほどの見積りになりました。実はニッポーへの見積依頼と同時に、その方の旦那さまが別の業者にも見積り依頼をしていたようなのですが、なんとユニットバスの金額にも満たない120万円という破格の金額が提示されたため、彼女から私に相談が入ったというわけです。

私からすると、単価も工賃も、何もかもが安すぎる金額が書かれていたので怪しさしかなく、とてもこの業界の人間が出す見積書とは思えませんでした。しかし、その業者のホームページを見ても一見立派で、至って普通のことが書かれていたため、一般の方が見たら不安になる要素もありません。通常であれば相見積もりを取るということは、安い金額を提示した業者に発注するという流れになりますが、そこは私と彼女の信頼関係が築けていたからこそ、一度プロに聞いてみようと相談をしていただけたのです。そして、よくよく調べると、その業者は雑居ビルの住所が記載されている会社でした。通常リフォーム会社は通行人にも分かる様な看板があるはずです。そのことを彼女に伝えると「道理で資料がタバコ臭かったわけだわ…」とのこと。私と彼女との信頼関係が築けていなければ、気づけなかったことです。こうして〝困った時のニッポーちゃん〟が詐欺を未然に防ぐことができました。こうした信頼関係が、地域で仕事をしていく上でとても重要なのです。

このように、今でこそ人との繋がりで仕事をしているニッポー設備ですが、父の時代はＢｔｏＣ（企業：businessが一般消費者：Consumerを対象に行うビジネス形態）は、ほとんど行っていませんでした。私が旅行会社での仕事を経験し、お客さまの笑顔をダイレクトに見たいという気持ちがあったこと、そして今後のマーケットとして大手建設会社から請け負う新築工事よりも、個人による改修やリフォームの需要が増えてくるのではないかと、父も興味を持ったことから始まりました。

実は私がこの業界に入った頃は建設会社がトップに君臨し、その下に多くの下請け業者があり、そのピラミッドの中にニッポー設備がいるという状況で、下請け業者がお客さまと直接やりとりをするのはタブーだったのです。しかし、1990年代にバブルが崩壊してからは後継者難で建設会社の廃業が相次ぎ、お客さまにとっては家を建てた建設会社がないからトラブル時に相談する先がない、という状況が多発しました。そこで私たちのような設備会社がお客さまと直接やり取りをする、元受け・直受けを担当することが増え、そこにつけ込んだ詐欺まがいな業者が横行しているという流れがあるのです。ちょうどインターネットが普及した時期だったことも大きく影響しています。BtoCの事業は、お客さまが私たちを頼ってくださるからこそ、お客さまの要望を直接聞いて問題解決をするから直接笑顔を見ることができ、やりがいがあります。なので私は正義の味方〝困った時のニッポーちゃん〟として、これからも地域に愛される存在でありたいと考えています。皆さんも、困った時に頼られる人になることを心掛ければ、自然と良い仕事ができるはずです。

常日頃、思っていることをちょっとつぶやいてみる、SNS投稿文の一部を抜粋。

売り上げが増えるって良いこと？

「昨年より多い売り上げをあげることができました！」とか、「会社設立以来最高の売り上げを記録しました！」だとかをよく聞きます。そしてそのことに対して金融機関をはじめ、周りの人たちが称賛してくれます。そういった称賛に、経営者はよく浮かれていきます。また褒めて欲しいと。称賛に対して快楽を感じ、またその快楽が欲しくなり、もっと頑張ろうとするのです。でも、売り上げが増えるって、そんなにいいことかなぁ？

経営者もただの人です。見失います。がむしゃらに働いて、そして部下がドロップアウトしていきます。

私は経験しました。大失敗です。何が重要か？それは、従業員や取引先の方々が、それぞれの仕事に対してイキイキとしてくれることだと思っています。イキイキと仕事をすることができれば、そこに改善や新しいものを生み出す力がたくさん生まれ、会社がどんどん良くなっていきます。経営者だけが快楽を得るのはいけません。みんなが気持ちよく仕事をできていることが重要です。

経営者も人ですから、休みも欲しいし、趣味も充実しなければなりません。一歩間違えば死んでしまうような昭和のサラリーマン的な働き方は忘れなければなりません。他人から見ると決算書の売り上げの数字は、とても客観的にその会社を見ることができますが、決算書に載っていない会社の社風や、社員個々のポテンシャル、協力会社との結びつき、いろいろなものが重要だなと本当に思っています。自分ひとりじゃ何にもできないんだよなぁ。売上を増やそうではなく、結果的に売り上げが増えたという会社にしていきたいです。

ボランティア精神の源

私は社員も巻き込んで、さまざまなボランティア活動を行っています。毎月恒例のＪＲ南武線矢川駅の清掃活動や、毎年春と秋に開催するお客さま感謝祭（マルシェ）「春の市・秋の市」の実施、事務所のトイレを営業時間内は地域に開放するなどの取り組みです。

また、防災教育に役立てていただくために、国立市の各学校へ『明日、地震がやってくる』（発行：KADOKAWA/エンターブレイン発行、著：世鳥アスカ）という漫画を寄贈したり、2011年の東日本大震災時には宮城県石巻市へ、2016年の熊本地震の際には熊本県阿蘇郡西原村へ、2019年の台風15号被害時には千葉県南房総市へ行き支援活動をしました。

よく「なぜそんなにボランティア精神があるの？」と聞かれることがありま す。理由は第1章でもお伝えした通り「お客さまに笑顔になってもらえるような仕事」がしたいから。社会で「活きる人」になりたいからです。だから、そういう気持ちが自然と湧いてくるのですが、もっと源の部分を考えると、やはり父の影響が大きいと思います。

私の父は戦時中に中国のハルビン（現在の中華人民共和国黒竜江省哈爾浜市、当時は満州国）で生まれているのですが、敗戦の半年くらい前に、これ以上中国にいるのは危険だと思った祖母（私の父にとっての母）が、私の父を含む3人兄弟を連れて日本へ戻り、実家のある佐賀で暮らしていたそうです。祖母と父親兄弟はどうにかして日本へ戻れたものの、南満州鉄道で働いていた祖父（私の父にとっての父）は敗戦前後の非常に混乱・困窮している時期ということもあり、戻ってこなかったそうです。祖母は実家には戻れたものの、ひとりでは子ども3人をまともに食べさせることができない。そのため祖母は出稼ぎに行ったようなのですが、結果的にそのまま蒸発してしまい、残された兄弟3人は親戚を回った後で広島の児童養護施設（今も現存の光の園という場所です）に預けられ、私の父は2歳から中学生までその施設でお世話になりました。この養護施設が非常に良い施設で、素晴らしい教育を授けてくれたそうです。

この出来事を知った時、社会福祉という言葉がままならない時代に、福祉の精神や援助の精神、社会の手に助けられなければ父たちは生き残ることができなかった。もしこの時に父が生き残ることができなければ、結果的に私は生まれていなかった。だからこそ、助けてくれた社会に恩返しがしたいという気持ちが芽生えました。これがボランティア精神の源といえます。

あとは、自分が弱い人間だということも理由です。「情けは人のためならず」——中学生の時に習ったこの言葉が、今でも座右の銘のひとつです。困った人を見た時はできる限り協力する。自分が弱いから、「私が困った時には助けてね」という気持ちが強いのかもしれません。人を助ける回数が少なければ、自分だって助けてもらえませんからね。そして、いかに味方を作るか、できるだけたくさんの味方を作れるか、味方の多さも重要です。人間は誰でも失敗もミスもします。そうした時に味方が多ければ助けてもらえる確率も上がるのです。そう思ってボランティア活動を続けていたら、実際に助けてくれる人が増えてきました。東日本大震災の時は、地域の方々が支援金という形で助けてくれました。仕事の話とは少しそれますが、せっかくなので実際にどのようなボランティア活動を行ったかについても触れておきたいと思います。

地域の企業だからできること

東日本大震災の時は、ニッポー設備社内もかなり混乱しました。仕事はない、現場も止まる、物が入ってこない、さてどうしようか？ と思った時に、もっと困っている人たちを助けるために被災地でボランティア活動をしたい気持ちがふつふつと湧いてきました。社員に話をしたら「僕も行きたい」という人が何人かいたので、一緒に行動を起こしました。しかし、いろいろ調べて問い合わせをしてみたものの、被災地のボランティアスタッフの受け入れ体制が整っていないため断られてしまい、1週間くらい悶々とした気持ちを抱えて過ごすことになりました。そして、これがもう最後の頼みの綱だという思いで、ツイッター（現X）の復興支援サイトTwit For You（ツイット・フォー・ユー）に「水道技術者を派遣したい」と登録しました。すると、宮城県仙台市の「建築工房零」の小野社長が「ぜひ来てほしい」と言ってくれたことから意気投合。小野社長を通して現地入りが叶いました。

最初は、必要なものを確認するために4月1週目の週末を利用して現地へ行きました。そこでは小野社長が「零義援隊」というボランティア組織を作り、七ヶ浜町と石巻に仮設のお風呂を作っていました。その後、東京へ戻った私たちは1週間かけて必要な資材を集めてトラック2台と車1台に詰め込み、具体的な配管作業の支援をするために、金曜日に再び現地へ向かったのです。金曜日は午後3時頃に七ヶ浜町に到着し、風呂工事の作業を行いました。私たちが現地へ行く直前に余震があり、その影響からコンビニやガソリンスタンドは軒並み営業できず、停電や電話も通じないなどまだまだ混乱していましたが、何とか夕食も摂り、仙台市内のホテルに入って1日目が終わりました。

翌日の土曜日は朝6時に出発して石巻市へ向かい、材料の積み下ろしと積み替えをしてからパワーショベルを石巻市立湊小学校（宮城県石巻市吉野町）へ移動させる計画で、私は打ち合わせのため石巻市立住吉中学校（宮城県石巻市東中里）へ、社員2人は石巻専修大学（宮城県石巻市南境新水戸）までパワーショベルを取りに向かいました。住吉中学校では、震災後に一度も技術者に設備点検をしてもらっていないため見てほしいという要望があり、ボイラーやトイレ、排水などをチェックしましたが問題はなく、また、支援先としての優先順位が低いと判断し、社員が先に到着していた湊小学校へ向かったところ、こちらはとてもひどい状況でした。避難所としている学校の1階部分が津波で消失し、停電、断水しているにも関わらず、そこには200人ほどの避難民が生活をしていたのですが、鍵が消失しているため建物の機械室などには入れず、また、トイレは排水菅が詰まっているため使用できず、避難民やボランティアの方々が給水車からバケツやポリタンクに水を汲んで使っている状況でしたので、私たちの技術が必要とされる場所だと分かり、心が一気に熱くなりました。まずは排水菅が詰まっている部分をサクッと直してから鍵や設備の図面を探しました。本部や受付にそれらのありかを知っている人がいなかったので、設備屋としての日頃の経験と勘で探したところ鍵ボックスは泥まみれの状態で1階職員室から、図面は校長室から探し出すことができました。そのまだ海水で濡れていた図面を丁寧に読み込み、建物の設備全体が頭に入ったらこっちのものです。

そして奇跡とも言える4月10日の日曜日、ツイッターで知り合った東久留米市の「野村設備」さんとニッポー設備社員5人で一気に作業開始。午前中には地上仮設タンクに給水ポンプを設置して高架水槽への配管完了、地上仮設トイレ用ポンプから、2階から4階の各フロアの男子・女子の各1カ所の洋便器への配管接続が完了し、その後高架水槽から、1階から4階の手洗い所へ各1カ所ずつ蛇口を設置しました。トイレ用の仮設タンクへ配管、そしてポンプで圧送。トイレのロータンクへ給水完了！ トイレへの給水、大成功！ その後、夕方に給水車から仮設給水タンクへ給水してもらい、高架水槽へ給水、各流しへ給水完了！ 遂に蛇口から水を出すことに成功しました。

こうして、私についてきてくれた4人のスタッフが、たった2日間で劇的に避難所の生活を改善させることができたのです。この時は本当に感動しました。ニッポー設備を作った父の子どもとして生まれることができて本当に良かったと思うのと同時に、この仕事を誇らしく思い、父を尊敬しました。そして、もっともっと頑張ろうと思いました。もうひとつ、私たちではないのですが、電気関係のボランティア部隊も奇跡を起こしました。震災後からボランティアで来ている電源車から、またまたボランティアで来ている電気技師が、学校の電気配線へ直接の接続作業を完了し、各部屋の蛍光灯やコンセントが使えるようになり、放送設備も復旧したのです。

誰に頼まれたわけでもなく、引き寄せられたように集まった同志（ボランティア）が、電気と水道の同時仮復旧という奇跡を、そして感動を生むことができました。これは資材を提供してくださった、たくさんの方々のおかげでもあります。味方を多く作っているからこそ、困った時にこのように大きな力になるということを実感した瞬間でした。東日本大震災の被災地支援は、この後も第7弾まで続け、現地活動日数延べ22日、60名もの人員派遣をしました。これについて、もっと語りたいのはやまやまですが、熱い思いと共に綴ると相当長くなりますので（笑）興味のある方はぜひ、ニッポー設備のブログを見てください。

◀「災害支援隊の記録」
ニッポー設備株式会社HP内ブログより

就職先・転職先に悩まれている方、一生ものの技術職はいかがでしょうか。こうした災害時・緊急時にはとても役に立ちますし、給排水衛生・空調設備工事業は思っているよりも特殊ではありません。意外と面白いと思ってもらえると思います。仕事を通じて社会貢献ができるのが私たちの職業ですし、SNSとの相性も良いので、若い方にとっては馴染みやすいかもしれません。

私と父の命は名もない人たちからの援助で繋がれました。だから少しでも人のお役に立てればと日々思いながらボランティア活動をしています。社員と一緒にボランティア活動をすることで、社員と一緒に汗を流すことでひとりでも多くの方に、私が味わったような感覚を感じてもらえれば嬉しいですし、この業界に興味を持ってもらえたら良いなと思います。そして、こうした活動や取り組みがニッポー設備の信用力や知名度を上げ、良いお客さまや良い従業員、そして良い取引先を増やし続け、好循環が生まれてきていると実感しています。

常日頃、思っていることをちょっとつぶやいてみる、SNS投稿文の一部を抜粋。

それぞれの職業を尊重しよう

ある朝、会社の制服（作業着）を着て、軽トラックを運転していた時のこと。私は某有名小学校前にある信号のない横断歩道に、制限速度以内で比較的ゆっくりと侵入していきました。

対向車線にはバス停があり、その朝は学校説明会か何かがあったようで、スーツを着た保護者たちがバスから降り、その横断歩道へ向かって大勢の方が歩いていました。しかし、そのバス停でのバス停車がネックとなり対向車線は渋滞。私の前にはワンボックスカーがいて横断歩道はまったく見えませんでした。

もちろんスピードは制限速度以内でしたし、荷物も満載だったためゆっくり走っていたのですが、ワンボックスカーの裏から突然女性が出てきました。私は慌てて急ブレーキ！

幸い横断歩道にかかることはなく、手前で止まることができました。しかし、後ろにいた旦那さんと思われる男性が、私のことを睨みつけます。横断歩道を渡っていただき、さあ発進しようと思っても私を睨みつけています。

私、そんなに悪いことしましたか？もう少しゆっくり入れば良かった…？でも、そちらも信号のない横断歩道なのだから、もう少し気をつけて入ってくれればいいのに…。

そちらは、お子さんを有名小学校に入れるような裕福で高レベルなご家庭、私は軽トラックで土曜日も働く労働者。はい。下に見られてます。

神は人の上に人をつくらず、人の下に人をつくらず。こういうことを分からない人は、お受験に失敗してほしいなぁ…なんて思ったり。

その昔、夜間道路工事をしている時に子どもが興味深くこちらを見ていたことを思い出しました。「ほら、勉強をちゃんとしないと、こんな仕事しかできなくなるんだから」と子どもに言っている保護者の声が私の地獄耳に聞こえたことがあります。

なぜ、建設業などに従事している技術者は、下に見られてしまうのでしょうか？いざ災害が起きたり、ライフラインが寸断された時には、私たちのような技術者に有能な人材が流れ込んでこないと、復旧工事がどんどん遅れてしまいます。私はそれぞれの職業を尊敬し合える日本人でありたいです。

使うべきは〝紐付きのお金〟

生前、父がよく言っていた言葉があります。「乗るなら絶対に国産車じゃなきゃダメだ」。当時は「あぁ、外車に乗っているようじゃ設備屋さんは上手くいかないいんだなー」なんて幼心に思っていました。しかし、いろいろな経験や勉強を重ねてきて、そうでないことがよく分かりました。こんなちっぽけな日本人の力は微力ですが、国内経済を回すために少しでも貢献しなければならないと気づいたのです。

昨今、フェアトレードや地産地消、購入するものが生まれた背景やストーリーなどをしっかり考えようなど、いろいろなことが言われるようになってきていますが、やはり、どこにお金を支払うべきかということは重要です。「お金に紐が付いている」最近はそう思うようになってきました。せっかくお金を使うのなら、その使ったお金が自分に戻ってくるように使うべきなのです。

例えば、飲食店。どこにでもある大型チェーン店など、仕事の発注権限がない人たちが働いているお店で食事をするよりも、オーナーが近くにいて、そこで飲食をすることでオーナーやその周りの人と知り合うことができる店で食事をするようにしています。そこで仕事の発注をいただいたり、お客さまをご紹介いただいたりと、そういう繋がりを生む可能性があるからです。また、そうして使ったお金は、使ったお金以上に自分に戻ってくる場合もあるのです。

ニッポー設備は飲食店オーナーさんからのご紹介で行う仕事がとても多い会社です。やはり、小ぢんまりと個人でやっている飲食店に集まる常連さんたちは、何か困った時にはそのオーナーさんに「こんなことに困っているんだけど、良い人知りませんか?」と聞くことはよくあることです。そうなればオーナーさんたちは「うちの店の蛇口が壊れた時も、ニッポー設備はすぐ来てやってくれたよ」と伝えてくれたり、「信頼できるニッポー設備だからPR冊子をぜひ店頭に置いていってください!」などと言ってくれます。そしてご紹介いただいた仕事をニッポー設備がしっかりやることで、紹介してくれたオーナーさんや良くしてくれる方たちの信頼をさらに向上させるというwin winの関係がどんどん広がっていくのです。

私は小さな工事から社屋を新築するなどの大規模なものまで、できるだけ地域の人に発注することで、その方々との信頼関係を密にしていき、味方を増やしていく活動を推進しています。もうすでにたくさんのものが自分に返ってきていますし、これからも、もっとたくさん返ってくると思っています。海外製のただただ安いものを買って消費し続けるよりも、国産のものや、取り扱う人がすぐそばにいるようなものを購入していく。このように、地域で商売を続けていくためには、お金の使い方がとても重要です。

働くこと、そしてその先を考える

会社を存続させ発展させていくのに大切なことは、一緒に働く人の仕事への温度・熱量を同じにすることです。例えば、自分が働く会社が他社で働く同級生と比べて〝ぬるま湯〟過ぎると感じてもっと上を目指して中堅に転職する人もいれば、そんなぬるま湯でゆっくり働きたいと考える人もいます。これが同じ温度や熱量ということです。

一方で、最近はその会社で自分らしく働けるか？ 自分のやり方やポリシーを曲げずに力を発揮できるか？ など、働くことを自分主体で考える人が昔よりも顕著で、働き方も多様化しています。同じ熱量に合わせることが必要でありながら、それぞれのライフプランも重視しなければならない。そのため今は懐が深い会社が評価される傾向にあります。

ただ、悠長なことを言っていられないのも事実です。東京で言えば特に23区の会社は、日本人はもちろんのこと、優秀な外国の人と戦う場面が往々にしてあります。例えば昭和の時代にはなく現在では高収入で人気のＩＴ関係の仕事であれば、海外からとても有能な人がやってきていますし、そこと戦って勝ち続けるのは容易ではありません。

そこで私が伝えたいのは、人気が無いと言われる職業こそ魅力的で、そこに気づくことができれば唯一無二の人材になれる、ということです。例えば、冠婚葬祭業や介護などのサービス業、農業や漁業などの一次産業は、今、とてもやりがいがある仕事だといえます。特に農業はお米を作る人が少なくなっていきます。しかし、大手グルメサイトが一年の食を象徴するメニュー「今年の一皿」として２０２３年に発表したのは〝ごちそうおにぎり〟で、日本人のソウルフードが海外でも「ONIGIRI」として人気を集めています。農業においては農家が高齢化しているため、売り方そのものが変わってきているのに未だ改革がされていません。若い感性とエネルギーを持ち、この領域に入っていくことができれば、お米どころか国を作ることにも繋がるのです。

地域で活動をしているとなおさらですが、最近は「まちづくりがしたい」という若者の声をよく聞きます。私はそういう人には「ニッポー設備に入ったら？」と伝えています。まちづくりで設備会社？ と思われるかもしれませんが、先日も、とある若者がまちづくりに興味があるというので「ニッポー設備で働いて、地域と繋がって、自分の顔をどんどん売って、25歳までに基盤を作って、市議会議員に立候補したら良い」と話したのですが、何故か引かれてしまいました(苦笑)。「まちづくりがしたいんでしょ？ だったら政治家になればいいのに」私はそう思います。

そもそも、まちを作るのであれば地域で顔を売る必要があります。自分の好きなコミュニティだけに限っていては難しく、それを打破するにはニッポー設備のような地域密着型の会社で働くのは近道です。

若い頃は、恋愛や自分のことや趣味のことなどが最優先になってしまいがちです。しかし、私は自分の趣味であるスキーを楽しむ時でさえ、仕事になりえるかを考えています。仕事とプライベートを分けて考える人もいますが、仕事を趣味に、趣味に仕事をくっつけていく作業やそこから生まれる事柄は意外と楽しいものです。

最近、私が力を入れているのは北秋田市との交流です。国立市とは友好交流都市協定を結んでいるということから注目し始めたのですが、調べてみると空港（大館能代空港）から1時間ほどの場所に大型スキー場がありました。これは実際に行って見てこなければ…ということで、最初は国立市スキー・スノーボード連盟として行こうとしたのですが、ちょうどコロナ禍だったこともあり2回ほどツアーをキャンセルすることになりました。次に考えたのが、災害時における相互応援に関する協定を締結していたので、防災の観点からの訪問です。国立市の上下水道工事店会のメンバーと一緒に行き、北秋田市の浄水場・水道システム、下水道施設などを見学することによって、お互いの勉強になればと考えました。ただ旅行をするのではなく、どうしたらみんなが喜ぶかを考える。仕事とセットにすることで双方の関係者から注目される。私はそういう考えでいつも行動しています。結果的に現地のスキー連盟の人たちとも会うことができ、交流を深められました。趣味と仕事をくっつけることで、とても良い繋がりが生まれたのです。さらに後日、国立市で北秋田市との事業者交流会が開催された際にはお声がけをいただきました。そこには北秋田市の意欲的な若者から建設会社の社長までが来ていたので意見交換をすることができ、スキー関連としての再訪も決まりました。加えて国立市からはスポーツ合宿で使える助成金があるというアドバイスもいただけました。

私としては、自分が住んでいる町と協定を結んでいる町、せっかくのご縁があるのであれば、フェイストゥフェイスの付き合いをした方が良いと思うのはごく自然な成り行きでしたが、結果的に国立市の中で北秋田市のことをここまで知っている人は他にいない〝唯一無二の人〟にここでもなれました。今後も北秋田市へ行く機会があれば率先して行きますし、向こうの方がこちらへ来るのであれば、積極的に顔を出したいと思っています。

そして、今となっては国立市と北秋田市の二拠点生活をしたいとさえ思っています。災害時のことや東京の今後（いずれ東京は暑くなりすぎて住めなくなるのではと思っています）を考えると、スキーのできる都市との二拠点生活は今までも考えたことはありましたが、札幌などの土地勘のない場所よりも縁ある町とできれば良いと思いますし、将来に向けてこの関係性がどうなっていくのか？ 元旅行会社勤務ということもあり、観光にも手を入れたらどうなるのか？ そう考えると期待しかありません。さらに、若者で意見をはっきりと自信を持って言える人は少ないので、彼らの後押しを今後もしていきたいと思っています。観光にも手を入れたら…という件はひとつの野望とも紐づくのですが、私はいつかスキー場を経営したいと思っています。それは、日本の雪質は地球上で唯一無二の良質なものなのに、それに日本人が気づいていない、活用しきれていない、観光資源がまだまだ埋もれていると思っているからです。さらに北秋田市でいうと、空港から1時間でアクセスできる大型スキー場があるのです。そんな場所は日本各地、そうありません。

大学を卒業して、一般企業に就職をして、やりたくないことをやっていくよりも、自由に、職種以外にも関連づけて働いていくのはとても面白いと思います。私の場合は、スキー、トイレ、被災地ボランティア、北秋田市…専門性のある知識を持つことは何事においても強く、さまざまな場面で戦える武器になります。

国立市と北秋田市とは？

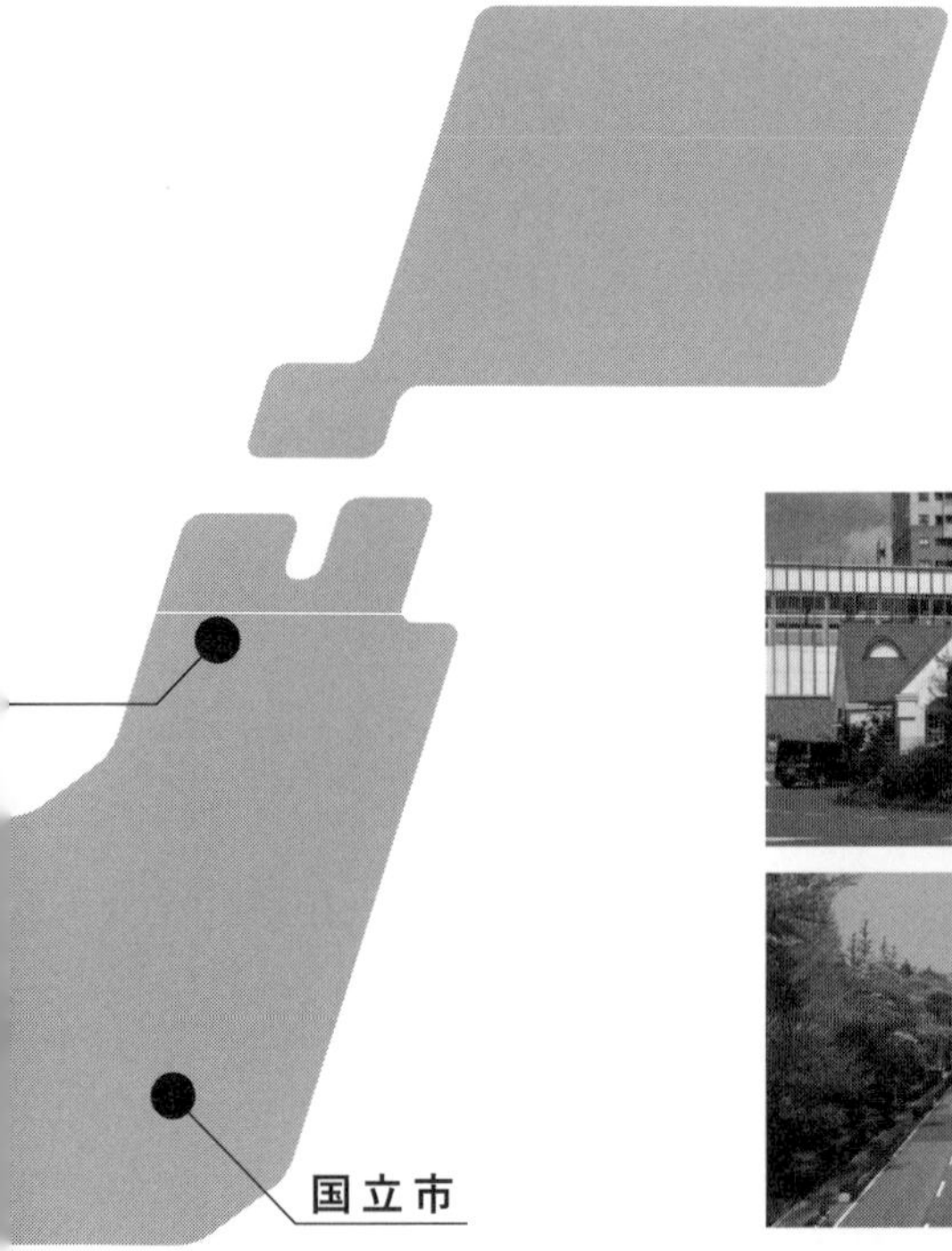

東京都国立市とは

長年、旧合川町（現北秋田市）と児童交流を行ってきた東京都国立市。2015年（平成27）「災害時における相互応援協定」締結、2017年（平成29）「国立市と北秋田市の交流に関する共同宣言」を経て、2023年（令和5）10月18日に「国立市・北秋田市友好交流都市協定」を締結。本協定の締結により、教育・文化・経済・観光などの分野において広く市民相互の交流を図り、両市のさらなる親善と振興を目指している。天下市では北秋田市ブースの出展なども行っている。

秋田県北秋田市とは

2005年（平成17）3月22日に、北秋田郡の鷹巣町・合川町・森吉町・阿仁町が合併して誕生した市。秋田県の北部中央に位置し、県内で2番目に面積が広く、県全体の約1割を占めている。中でも山林などが占める比率が高く、県立自然公園に指定されている「森吉山」をはじめとする優れた自然景観や山岳渓流を特徴とする、緑あふれる自然豊かな都市で、マタギ発祥の地としても有名。北秋田市内に所在する「伊勢堂岱縄文遺跡」は国内唯一の4つの環状列石が確認された遺跡で、その学術的価値の高さから2001年（平成13）には「北海道・北東北の縄文遺跡群」として世界文化遺産に登録された。

北秋田

地域密着企業ならではの働き方

これまでどのような気持ちで働くべきか、楽しく働くにはどうすれば良いかといったことをお伝えしてきましたが、ここでは「じゃあニッポー設備ではどんな人が働いているの？」「どのようにして顔を広めることができる地域密着企業に行き着くの？」といった観点から、いくつかの事例をお話ししようと思います。こればかりはどういう人と出会い、どういうタイミングかも大きく影響しますが、少しでも参考になれば幸いです。

ニッポー設備では、新卒採用を積極的に行っていた時期に、3人の若者を同時に採用したことがありました。ひとりは、とある懇親会に参加した際に同業他社の社長さんから「息子を預かってほしい」と言われたご子息。もうひとりは同じような相談があって社員が連れてきた新卒入社。最後は都立職業能力開発センターから紹介されたひとりです。安く見積もっても毎月60万円は人件費がかかります。しかも新卒入社ということは即戦力にはならず、教育が必要です。今いる社員へ負担がかかりますし生産性も落ちます。でも、私は今後のお付き合いや、業界になくてはならない人材の育成は必要ですし、将来の投資になるのであれば無理してでもやってみようと判断しました。

使えない若い子を上手く使っていかなければならない。大手企業であれば体力があるので可能ですが、中小企業、零細企業にもなると容易なことではありません。年齢バランスも関係してくるので今は当時のようなことができませんが、ニッポー設備を選んでもらえるというのはとても嬉しいことでした。新しい人材を入れるというのは苦労も出費もかさみますが、チャンスでもあります。それをどう自分のものにするか？ 彼らのために何ができるのか？ 成功か失敗だったかはこれから先の話です。とりあえず縁があってチャンスだと思ったらやってみよう！ 試してみよう！ というのが、地域に根付いた会社経営者が考えることだと思います。ちなみにこの3人は、今はニッポー設備には在籍していませんが、ひとり目のお父さまとは今後も組合の会合で顔を合わせていくことになるので、良好な関係を築く上でも必要な採用であったと今も思っています。

もうひとつの事例として「藤井兄弟」との出会いがあります（チェッカーズのあの2人を思い出す人は同世代ですね［笑］）。現在ニッポー設備で活躍してくれている藤井くんというスタッフがいるのですが、彼との出会いは約20年前のスキー場まで遡ります。ここでもやはり、趣味のスキーが仕事に良い影響をもたらしているのです。私が25〜26歳だった頃に、所属している多摩市スキー連盟の合宿に参加した時のこと。当時高校生と大学生だった藤井兄弟が参加をしていました。約40人が参加している合宿メンバーの中で飛び抜けて若く、それまでは私が最年少だったため、話してみたいと思ったのが交流のきっかけです。

大学生のお兄さんの方に話を聞くと、なんと中央大学、商学部、会計学科…さらに同じゼミ生…！すべて私と一緒、偶然にも後輩だということが分かり、一気に仲間意識が芽生えました。次に弟さんに話を聞くと、翌年に高校を卒業して将来は旅行会社に勤めたいと言うのです。…これは他人事とは思えませんでした。私は自分が旅行会社勤務を経験していて思うように働けなかったことや実情を話しましたが、彼はどうしても旅行会社に勤めたいと言うのです。それであれば、入社を希望している旅行会社が運営する専門学校があるから受験してみたら良いとアドバイスをしたところ、彼は見事に受かり、卒業後はその大手旅行会社の子会社に就職をしました。

藤井兄弟はその後、仕事にプライベートに忙しくしていましたが、兄とはゼミ会やOB会、弟とはスキー合宿でたまに顔を合わせていました。さらに、ニッポー設備40周年の記念旅行でバンコクへ行くと、藤井兄が偶然にもバンコクに赴任中だったので一緒に現地で食事をしたりと、細く長くの付き合いがずっと続いていたのですが、そこにやってきたのが新型コロナウイルスの蔓延です。

ご存知の通り、旅行会社は大打撃を受けていたので藤井弟とはよく話しました。ちょうどその頃、ニッポー設備の新社屋を建てていたため「旅行会社も設備会社も段取り屋なのは変わらないから一度見においで」と会社に誘ったところ、藤井弟が入社を決めてくれたのです。彼は業界未経験だったので、まずは職業能力センターで半年間勉強することを薦めました。すると彼は真面目に通って卒業し、企業で受ける2年分くらいの研修を終えた能力で入社してきてくれたのです。そして、今も一緒に働いていて、いくつもの現場を任せています。業界未経験や30歳を過ぎての転職でも恐れることはないと、彼は実証してくれました。

さらに藤井弟の良いところは、お客さまからの評判がとても良いのです。この仕事を長年続けてきて思うのは、技術屋が営業を覚えるよりも、営業マンが技術を覚えた方が早く、上手くできる、ということです。藤井弟が転職したのは36〜37歳の頃。それなりに覚悟もあったでしょうし、旅行会社勤務時代には部下もいてきちんとやっていた人間です。そんなスキルのある人材が確保できたのも、どんなところに出会いがあるか、良い縁が転がっているか分からないからこそ、いろいろな場所に顔を出して積極的に交流してきたおかげです。

今はオンラインで気軽に世の中と繋がれる時代ではありますが、家にいたり自分だけのコミュニティや同世代の集まりの中だけでは出会えないものが、リアルな世の中には溢れています。ぜひ、積極的に外に出て幅広い世代の方と交流をしてください。そうすることで、今まで見えてなかったものがきっと見えてくるはずです。

常日頃、思っていることをちょっとつぶやいてみる、SNS投稿文の一部を抜粋。

同業種転職にご注意！

会社は人材（人財）で成り立っています。経営者としては、やはり能力の高い人や、会社の水に合っている人が欲しいのです。ニッポー設備も、長らく求人を出しても応募すらない日々が続いていましたが、最近は少し改善されてきました。

私が今までさまざまな経験をしてきた中で、気をつけていることを書きます。前の会社が倒産してしまって、同業種に転職したいという方は非常に注意が必要、ということです。一瞬、経験も豊富で即戦力になると思ってしまう経営者も多いですが、倒産していくような会社に身を置いていた、その方がいてもその会社は倒産してしまったということです（倒産じゃなく、部門整理などもその類に入ります）。

つまり、その方が稼ぎ頭になり、会社が儲かっていれば倒産になんて追い込まれないはずです。お勤めになられている方も注意してください。倒産に追い込まれそうになった時に踏ん張って再起することができますか？　諦めてしまったり、ぬるま湯に慣れてしまったり、誰かのせいにしてしまったりしていませんか？　イノベーションを起こし、会社を改革して成長路線にすることはできませんでしたか？

転職を繰り返している方の履歴書に、会社が倒産や部門整理で無くなってしまって、転職を2回以上繰り返している方は要注意と考えてください。履歴書を書かれる方も、会社が無くなったんだから転職は仕方ないと考えるのではなく、自分が反省すべきところをしっかりと洗い出し、次も同じ失敗がないように気を引き締めて転職に望んで欲しいです。

会社の中の風は非常に重要です。良い風が吹けば良い会社になります。良い風の中で過ごしていきたいものです。

藤井兄弟との思い出。

第3章

時代ガチャの生き方

ポジティブ思考は良いことしか生まれない

自分で生きる時代を選ぶことができない—時代ガチャ。しかし、時代が悪い、社会が良くないと嘆くだけでは何も始まりません。

第3章では何事もポジティブに考え行動する、田中さんの思考を覗きます。

課題を持って挑む

私は自分が他人から好かれる人間だと思っていないからこそ、常日頃から努力をしています。もっとこうすれば面白いのでは？　もっと人に好かれるにはどう行動すべきか？　もっと人が集まってくるにはどうしたら良いか？　と日々研究をしているのです。しかし、好かれたいから研究しているのではなく、散々お伝えしてきたように、人が笑顔になることが好きだからやっているのです。こんなことを言っている私ですが、もともと〝雰囲気を読む〟ということが大変不得意でした。でも、若い頃にそれに苦しんだからこそ、今があると思えています。

そんな私にも未だに不得意なことや短所がたくさんあります。ＳＮＳでは比較的上手くできていると思いますが、実はリアルで対面する人とのお付き合いは下手な方です。いろいろな集まりに顔を出してはいますが、意外とひとりでいる方が好きですし、例えば組織の下に入って自由がなくなった環境で上手く立ち回るのがとても不得意なのです。これはアルコールがそんなに好きではなく、いわゆる〝飲みニケーション〟ができないことも起因しているのですが、時間が無駄に長い飲み会や意味のないやりとり、私にとって意味を持たない行動を強いられるのがとても不得意です。そのため、組織に入るとつい、運営側にまわってしまいます。運営に入れば、自分のやりたいようにやれるので自分自身が楽しむことができます。ただ、人様に迷惑をかけてなければいいのですが…（笑）。若い方は特に、私と同じような思いを抱き、集まりに出たくないという方は多いと思います。そう思われる方は、ぜひ、運営側になって参加してみてください。不得意であったり苦手であっても、仕事を円滑に進めるには、そういった集まりで生まれる繋がりは欠かせないからです。

得意なことや長所に関しては、マメだとよく言われます。これは大切なことだと思います。あとは、常に準備を怠らないというのも重要です。野球に例えると、スターティングメンバーに入れなかったとしても、誰かが怪我をして欠員が出た時に即戦力になれる人材であるかどうかということです。いつ出番が来ても困らないように常に準備をし、出番が回ってきた時に怖がらずに前に出ることを意識しています。そうすることでチャンスを逃すことなく、上手く立ち回ることができます。

私の場合は会社を継ぐといった点で、前に出ざるを得なかったという境遇ではありますが、事あるごとに執念のようにやっていたらどんどん楽しくなってきました。それこそ、最初の頃はただの給料をもらうだけのツールとして会社と仕事をとらえていましたが、その考えが変わったのは２０１１年に起きた東日本大震災の被災地で支援活動をした時です。その時、強く感じた〝社会のためにこの仕事を頑張ろう〟と思ってからは、決して負けない強さを持たなければならない。それには自分しかいないという立場を取っていこう！と考えるようになりました。選ばれないと生き残れない時代、自分を選んでもらう、自分の会社を選んでもらうということを常に意識し、他の人ができない領域へ進めていくこと、またその境遇を楽しめるかどうかが重要だと思います。

私が社長になったのは33歳の時で、正直早いなと思ったのですが「若いのに頑張っているね」と地域の方々に応援していただいたので、これも良かったと思います。社長就任後は徐々に売り上げを伸ばし、6年目には9億を達成したことで、まちを歩くと「ニッポー設備は飛ぶ鳥を落とす勢いだね」と言われることもあり、正直鼻を高くしていた時期もありました（若さゆえですね…）。でも今は、父もそうでしたが、決して驕らず、移動はできるだけ自転車を使って地域を見てまわるなど、地に足をつけるように意識しています。

「課題を持って挑む」というと大げさに聞こえるかもしれませんが、実はそんなに特殊なことは必要ありません。相手から言われたことをしっかりと忘れずに、１００％、１５０％やればいいのです。挨拶をしっかりする。ニコニコしている。颯爽としている。清潔感を持つ。人間って実はそんな基本的なことですらできていない人が多いのです。最初は意識をしてやって、そしてそれが無意識になっていくことでプロになっていくのだと思います。無意識に行動することができるようになれば、どんな場面でも大丈夫です。あとは準備をして、サバンナで獲物を狙う肉食動物のように、一瞬で素早く仕事を受注すればいいのです。

常日頃、思っていることをちょっとつぶやいてみる、SNS投稿文の一部を抜粋。

新人はなぜ苦しいのか

社会人になったばかりの頃、なんとまぁ何もかも上手くいかないことばかりなんだろうと、若気の至りで私自身が思っていたことですが、そりゃーもう仕方のないことだと、今なら若い自分に言ってあげたい。
「仕事がしやすくなるのは40歳から!」と。

私自身、40代はとても仕事のやりやすい環境であったと思います。それはなぜか? 労働者の年代をざっくり見てみると、20歳〜70歳です。その中央値が40代なのです。20歳の若者が50歳年上の先輩と一緒に働くこと、またその逆もあり得ますが、この年の差はさすがにお互い〝宇宙人の考え方〟なわけです。

真ん中の45歳であれば、25歳下の方と25歳上の方と一緒に仕事をするのですから、一番有利です。

仕事はやはり自分ひとりではできません。周りをどれだけ巻き込んで、仲間の高い能力をお借りしながら、良いハーモニー（和音）を出せるかで良い仕事ができるのです。そこに長年の取引関係にある信頼感などが複合的に交じり合うと最高の仕事ができます。

仕事は価格だけではないと思っています。

私自身、年男を過ぎて、だんだん中央値を超えて上昇しています。先輩たちの頭脳をお借りしながら、若者の柔らかい考え方を吸収して、いつまでも若々しくお仕事ができたらいいなと思っております。

若者たち、頑張って大先輩に飛び込んでいってみて!

人脈を回転させる

私は人から「田中さんの人脈はすごすぎる」と言われることがあります。地域密着型企業の社長という立場はもちろん大きいですが、趣味・仕事問わず、さまざまな会に属しているというのも影響しています。私が所属している会は、国立市スキー・スノーボード連盟会長、国立市まちづくり審議会委員、国立市ボランティアセンター運営委員、日本トイレ協会運営委員、白門会（中央大学のOB会）、国立市商工会理事、国立市上下水道工事店会会長、武蔵野市管工事業協同組合専務理事、TOTOリモデルクラブ立川店会幹事、国立市商業協同組合、国立市まちづくり観光協会、多摩市スキー連盟…挙げ出すとキリがありません（笑）。

会議だけで月に10以上ありますから時間を作るのは容易ではありませんが、時間は短くてもできるだけ顔を出す、そして食事は誰かと一緒にするように心掛けることで成り立たせています。昼ご飯でも夜ご飯でも、食事をしない人はいません。私はひとりで食事をすることほどもったいないない時間はないと思っているので、基本は誰かと一緒に食事をしながらコミュニケーションを取っています（とはいえ、家族で食事をすることも大切なので、スキーシーズン以外の土日はできるだけ家にいるようにしていますが…）。まちを散歩したり、会合に顔を出したり、SNSで交流したり…自分を前面に出すようにしています。

あとは、月2回くらいのゴルフも大切な人脈作りの場です。実はスキーが〝100スキ〟だとしたらゴルフは〝20スキ〟くらいなのですが（笑）、ゴルフに来る人とコミュニケーションを取ることが好きで続けています。それでいうと、ゴルフのようなお金持ちが集まる趣味を持つことも、仕事を円滑に楽しめるようになる近道です。多かれ少なかれ私に近づいてくる人も、「仲良くなったら仕事を紹介してくれるかもしれない」などを期待していることもあるかと思います。

でもそれは自分の武器として持っておくべきことです。ただ、そればかりだと〝いやらしいお付き合い〟ばかりになってしまうので（笑）自分に利益がなくても誰かと誰かを繫げたり、それを面白いと感じてもらったり、この人に聞いたら何か面白いことが返ってくるのでは？ と思ってもらえることも重要だと考えています。

人脈が上手く回転した好例があります。もともと購入するつもりはなかったのですが、2022年に国立市にある2階建てアパートを購入しました。古い物件を綺麗にリフォームして貸すという商売に興味があったのと、旧社屋から今の社屋に引っ越す際に、旧社屋の一部を倉庫として使っていた方の転居先が見つからなかったからです。そのため、購入した物件の1階は貸す先が決まっていたのですが、2階はまったくのノープラン。不動産にとって家賃収入がゼロというのはかなりの痛手です。しかし、普通の入居者募集では物件の魅力が伝わらないと思い、こだわってリフォームする工事の様子を地元メディアに記事にしてもらって入居者を募ろうと思っていた矢先、よく行く店でその話をすると、国立市に引っ越す予定があるということで即決。借主の方も、知らないところに住むよりは私が管理しているという点で安心感がありますし、私も入居者募集を出す前に良い借り手が見つかるという、お互いの利点が合致しました。

そして最近もうひとつ物件を購入しました。喫茶店だった時に修理に伺ったことがある物件です。こちらは以前から建物の雰囲気が良いと思っていた場所で、ここも、とある方に話をしたら乗り気になってくれ、近々入居が決まりそうです。不動産業は借主を探すのが大変な商売ですが、これもいろんな人脈を形成しているから上手くいき、さらに設備屋としてさまざまな物件に伺って数を見ているので上手くできているのだと思います。このことからも分かるように、〝時代ガチャ〟に勝つ最大の武器は「人脈」だと感じています。

人脈の話でいうと、ニッポー設備で材料を仕入れている取引先のメインとなる商社の社長さんが大学の3級上の先輩なのですが、大学時代の知り合いではなく、父の会社に入社した時からいろいろと調べると大学時代にスキーをやっていた共通点などが見つかり、実際に初めて会った時もたくさんお話をすることができました。そして、ある時「田中君、平昌オリンピックに一緒に行かない?」と携帯電話に直接のお電話をいただきお誘いを受けました。もちろん即答で気持ち良く「YES!」です。全国規模の会社の社長さんからの直々のお誘いです。迷うことなく、すぐに行きます。今では、取引支店の担当者も、私がその方と仲が良いことを知っているので、最優先で対応してくれますし、本当に困った時は(5年に1回くらいしかありませんが)直談判をして調整してもらったりしています。材料が無ければ仕事ができない私たちにとっては、強力な助っ人との出会いでした。

また、2023年4月に地上波の民放バラエティー番組に出演する機会に恵まれました。これも人脈が功を奏したから叶った出来事です。それは、トイレ研究家の白倉正子さんとの出会いです。5年ほど前の日経新聞で白倉さんが紹介されていてトイレのことを突き詰めている印象を受けたので、ホームページからすぐにメールを送らせていただきました。まもなく返事が届き、「ぜひ日本トイレ協会の集まりに来ませんか？」というメールをいただきました。そもそもそのような協会があることは知らなかったのですが、すぐに返事を出して会合に伺い、ご挨拶をしました。

白倉さんはFacebookでも友達になってくれ、トイレについての議論を交わすうちに、私が担当していた〈TOTO〉和洋リモデル工法（1フロア施工〈階下での作業が不要〉で2日間の短工期で既存の和風便器から洋風便器に改修するTOTOのオリジナル工法）の現場に視察に来ていただいたり、白倉さんのご自宅の工事をさせていただくなど、〝トイレ友達〟になることができました。

白倉さんはユニークなトイレ活動がきっかけでマスコミにも出ることが多く、テレビ出演の話もありました。ある日、白倉さんから「田中君、ロケ地が遠いんだけど、テレビに出る話があるけどどう？」と私宛に突然電話があり、かなりタイトな日程ではありましたが「こんな面白いことはない！」と感じて「日帰りでの参加で良ければいいですよ！」と答えました。話はトントン拍子に進み、なんと日本テレビ系ゴールデンタイム長寿番組「1億人の大質問!?笑ってコラえて！」に、白倉さんと私、青学の学生さんとタレントの滝沢カレンさんの出演が決まり、全国放送で滝沢カレンさんを「TOTOミュージアム」に案内するトイレマニアとして出演させていただきました。「自分の生活圏20km以内に、自分よりトイレに詳しい人がいないように努力してきた人」と紹介され半端なく緊張しましたが、タイトな日程をこなしながら収録を終えて放映日当日をワクワクしながら待っていました。すると、20分もの長い時間で出演することができ、今でもたまに「テレビ出てたでしょ？」と言われます。テレビの力はすごいですね。新聞を見て、メールをして、顔を出して…。興味を持ったことには自ら積極的に進み、人脈を作っていくことは本当に重要です。

本を書こうと思ったのも、実は人脈が関係しています。ニッポー設備に入社して間もなく、父に連れられて立川市にあるハウスメーカー・株式会社ウェルダンの兼坂社長にご挨拶へ行きました。兼坂社長はちょうど本を出版したばかりだったようで、一冊の本をポンとくださって「本を書くといいですよ」と仰いました。いただいた書籍『人生が変わる家づくり 一生気持ちよく暮らせるマイホーム』（幻冬舎）には、兼坂社長の家づくりに対する考えなどがとても分かりやすく書かれていて、当時は高気密高断熱住宅を一緒に施工させていただいていたのですが、より深い知識を得ることができました。そして、兼坂社長は「本を出版する」という目標をしっかりと文字に掲げて達成していったそうで、「やろうと思ったことはしっかりと文字にして掲げておきなさい」というアドバイスもいただきました。それを聞き、私の場合はFacebookの投稿で目標を書いて知り合いに共有してもらい、目標を達成できるように邁進しています。

このように父は私に直接的な指導はあまりしませんでしたが、事あるごとに尊敬している方に会う機会を作ってくれて、間接的な教育をしてくれていたように思います。当時20代中盤の私にとって本の出版なんてことは夢のまた夢でした。しかし、スキー仲間の近藤正樹さんが２０１７年に金融教育の本『お金の小学校』を出したほか、あれよあれよと私の友人たちが何人も本を出していきます。「この波に乗ってしまえ〜」と言わんばかりに、私も今、本を書いています。

ちなみに近藤さんとは一通の問い合わせが出会いでした。国立市に引っ越してきた近藤さんが「スキー友だちを探している」と、国立市スキー・スノーボード連盟の門を叩いてきたのです。話を聞けば「お金の小学校」というファイナンシャルプランナーが金銭教育をするための組織を運営していて、同じ年齢で家も近く。スキーを好きなレベル（情熱）も同じくらい。全日本スキー連盟公認1級に合格して準指導員合格、指導員合格と同じように登ってきた方で、とても良いご縁でした。何故ならその後、ニッポー設備の保険はほとんどを近藤さんにお願いし、近藤さんのご自宅のリフォームはニッポー設備にお任せいただいています。近藤さんが映画を作った際にはクラウドファンディングに協力させていただき、ニッポー設備をロケ地として使っていただき、エンドロールに名前を出してもらい、エキストラ出演をさせていただくなど、今では家族の次に深い関係といっても良いほどのお付き合いをさせていただいています。

人脈から影響されて、行動を起こし、関係を深めていくことはとても大切なことです。人生何が起きるか分かりません。しかし、動かなければ何も起きません。さまざまなアンテナを張って、一歩踏み出すことをおすすめします。

趣味にも全力投球

これまで散々触れてきましたが、私の趣味のひとつにスキーがあります。スキーは小学生の頃から好きで、高校ではスキー部、大学ではスキーサークルに入り、大学の途中からは社会人クラブにも所属し、大会などへ出場しました。29歳の時には、仲間に誘われてスキー準指導員になるための試験を受けました。しかし3回連続で落ちてしまい、2年ほどは受験を控えていたのですが、友人から再度声をかけられたことをきっかけに再チャレンジしました。

この再チャレンジを決めて受験会場である長野県の菅平高原スノーリゾートへ行ったのが、忘れもしない2011年3月11日。そう、東日本大震災が起きる当日です。3月12日が試験日だったのですが、もちろん延期になりました。しかし、翌年2012年1月に再度試験を受けてようやく受かることができました！……と言いたいところですが、再度不合格に。3月に5度目の挑戦をして、やっと準指導員の資格をいただくことが叶いました。ここまで続けられたのは受からなかった悔しさもありますが、指導員の資格を得ることで、できることの幅が広がると思ったからです。資格がなくても趣味のスキーは楽しめますが、極めることでもっと楽しくなると思ったのです。

その良い例が、2014年9月に作った「国立市スキー・スノーボード連盟」です。私は創設会長として、このアマチュアスポーツチームを率いて北海道や菅平、国立市が友好関係を結んでいる北秋田市などに仲間と共に出かけています。令和2年度には、東京都体育協会から生涯スポーツ優良団体として表彰も受けました。国立市体育協会から委託されて、市民大会も開催していきます。これは、ただスキーを楽しんで続けているだけでは得られない経験です。このように好きなことは極めることでもっと楽しくなる、というのが私の持論です。

もうひとつの例が、仲間と日帰りスキーをする場合、前日の夜までゲレンデを決めないというのもあります。でも「田中さんと一緒に行くといつも良い思いができる」と言われ、仲間から信頼を得ています。これはなぜか。私の頭の中には、ゲレンデの標高、生えている木の種類、斜面の向き、コースレイアウトなどがすべて入っていて（高校生の時に隅から隅まで読んだスキー場ガイドブックが主な情報源です）、寒い日には北斜面のゲレンデには行かないとか、コブを滑りたい人がいるのにコブのないところには行かないとか、検定を受けたい人がメンバーにいたら練習がしやすいゲレンデに連れて行って教えてあげるとか、その時々のメンバーと天候を考慮した最適な組み立てをしているからです。極めることで一緒にいる人に満足してもらえる、笑顔になってもらえる、そして信頼関係が深まる。好きなことを極めることは、人を笑顔にできると信じています。

自分らしさを加える

突然ですが、私の友人界隈で〝田中のオモシロエピソード〟として「結婚式3連発事件」というものがあります。

ひとつ目は、時間に正確な父が社員の結婚式に遅れてきたことがあった時。

当時社長だった父が主賓の挨拶をするはずでしたが、開始10分前になっても会場に現れません。痺れを切らして連絡をしてみると、時間を1時間間違えていたことが分かり、開始までには間に合いそうにありません。するとスピーチの代理は、当時専務だった私にまわってきました。開始5分前に急いで考えたスピーチ内容で、おぼつかないながらもなんとか乗り越えました。この時は名前を間違えないことを徹底しました。それと、やはり皆さんが聞きたいのは、その方の働きぶりだと思います。この時は彼の真面目な働きぶりと、コミュニケーション能力の高さを説明しました。

ふたつ目は、国立市商工会青年部で一緒になり、一時期ニッポー設備に勤めていたこともある友人が結婚することになり、結婚式に呼ばれた時です。今回の主賓挨拶は彼の親戚が行う予定でしたが、急遽入院してしまったから挨拶を変わってほしいと2週間前に言われました。会場に着くとゲストは200人くらいいて、中には衆議院議員や都議会議員などの錚々たるメンバーが出席しており、青年部の席からは応援の野次が飛ぶなど、散々です。めちゃくちゃ緊張しましたが、１回目の代理スピーチよりは上手く話せました。

私のスピーチは、言いたいことをすべて紙に書くというようなことはしません。ストーリーを箇条書きにして懐に忍ばしておく程度です。２週間という時間は準備をするには十分でしたが、やはり錚々たるメンバーを差し置いてスピーチするのは本当に緊張しましたし、そのような場に抜擢をしてくれた友人からは相当信頼されていたんだなと思い、また何か困ったことがあれば頑張ろうと思いました。ちなみに余談ですが、実はこの時、マイクのスイッチが入ってなくて、最初に皆さんの笑いを取ることができた〝偶然〟も成功のカギだったように思います。心臓はバクバク、足はガクガクしていたのですが、そのことで緊張が若干緩みました。しかし、手からの汗は尋常でなく、やはり何事においても緊張をしない方法なんてありません。ただ、それは自分への試練だと思うようにしています。こうした場面をしっかり乗り越えることが自分のブランドを上げていくことなんだという思いを持ち、背水の陣で挑むことが必要だと思います。

そして三つ目。高校スキー部の同級生が結婚することになった時のことです。彼は高校時代、迎えに来る家の車がリムジンで、親が不動産をたくさん持っているようで、とてつもないお金持ちの家の子という印象でした。そんな彼から3週間前に電話がかかってきて「結婚式で友人代表の挨拶をしてほしい」と言うのです。普通に余興の中の簡単な挨拶と思いながら会場へ行くと、結婚式ではなく大勢を集めたパーティーで、相手方の半分以上が外国人で英語が飛び交う異空間でした。そして、それは余興でもなんでもなく、いわゆる主賓級の挨拶でした。軽い気持ちで来たのに、レディーファーストで女性が先だったとはいえ、準備時間は数分しかありません。そして友人から無駄なアシストが準備時間にも入ってきました。「おい、彼女のお父さん大手企業の社長さんだぞ！」なんて言われて…もう、足はガクガク。しかし、終わってからは友人たちにも褒められ、さすが3回目の挑戦と自画自賛した思い出があります。

この時に話した内容は、実は2回目と同じ内容でした。私は25歳で結婚したのですが、私の小さい頃の夢は「30歳で2児の父になる」というものでした。少子高齢化という社会問題に自ら応えていこうという方針からそのような夢を持ったのですが、すんなりとはいかず、大変な時間とお金をかけて、やっと37歳の時に娘が産まれてきました。そんな実体験を混ぜた話は、皆さん真剣に聞いてくれて、これから人生を共に歩む2人へのはなむけの言葉には良いストーリーだと思っています。もはや私のスピーチの定番となってきていますが、自分が経験した話は、皆さんも興味を持って聞いてくれるスピーチになると思います。

これが「結婚式3連発事件」です。1回目は30歳くらいの時で、かなりたどたどしかったと思いますが、いろいろな場所で話をする機会が増えてくると、自ずとそういう場面に当たる数が増えてきます。だんだんと挨拶が染みついてできるようになると、私の場合、人をどう楽しませよう？ という気持ちが出てきます。大勢の前で話すことは得意ではありませんが、繰り返しやっていたらできるようになり、そして自分なりのエッセンスを加え始めると、より当たる数が増えてきました。テレビ出演も、こうしたことがきっかけで呼ばれるようになったのだと思います。ついつい避けて逃げてしまうこういったことも、場数を踏んで鍛えること、そして自分らしいエッセンスを入れることで成功に導けるのだと学びました。

私の立場から今の若い人たちに伝えたいことは、やはり今を真剣に生きることが重要、ということです。「やりたくない」「誰かがやってくれればいいな」そう思って逃げることは簡単です。でも、それはチャンスを逃しています。もしかしたら自分がやる機会があって、それをやると良い経験ができるかもしれない。嫌なことや大変なことがたくさんあるかもしれないけれど、それを乗り越えると、確実に成長した自分に出会えます。もちろん、心が病んでしまうほど頑張って欲しいとは思いませんが、いろいろな機会や経験を踏んでもらい、成長していくことが重要だと思います。そうすると、ある時、自分が強くなったなぁと思える時が来て、さらに経験を積んで、いろんなことができるようになってくるのだと思います。

自分の心の持ち方ひとつで「経験して良かった」と思えた方が幸せだと思いませんか？　悲観していたら人相も悪くなってしまいます。同じ時代を、自分より幸せそうに生きている人はたくさんいると思います。しかし、それを羨むのではなく、今の世の中を楽しく生きるために必要なのは、経験をポジティブに捉えて自分の力に変える思考です。そして、自分の経験をいかに〝幸せ転換〟できるか、です。

人生すべてポジティブに捉えて、時代ガチャ当たりの人生を歩みましょう！

あとがき

2024年1月1日、日本国民がお正月気分を満喫している時間帯に、能登半島を中心に大災害が起きてしまいました。被災された皆さまに心よりお見舞い申し上げます。

そして私は居ても立っても居られず、1月12日の夜に輪島市に入りました。翌日ピースボート災害支援センター上島さんのご紹介により、数カ所の避難所を見させていただき、最終的に2カ所の支援をさせていただくことになり、今もボランティアにて支援を継続しています。

やはりライフライン、特に水道の断絶は、いつも蛇口をひねれば水が出てくることに慣れ過ぎた人たちには過酷を極めた状態となります。こういった災害現場へ行くと、今のあたりまえが次の瞬間無くなってしまうかもしれないということを痛感いたします。あたりまえに昨日も今日も生きていて、同じような明日があるわけではないので、今を精一杯、後悔しないで楽しみ、いつも夜寝る時に「今日も1日ありがとうございました」と思って寝ております。私は1日を充実させ、逆風でも胸を張っていたいです。

「自分たちは明日を変えることができる」

輪島市へ3回目の支援に行った日の夜に出てきた言葉です。現地で合流した仲間たちと明日を変えることができました。現実に、建物に水道が復旧すると生活がガラッと変わります。このことはこの業界に属する技術者たちの誇りです。

この本を手に取ってもらい、少しでもヒントを見つけてもらい、より良い人生を送ってもらえたらと思います。そして、うちの会社の門を叩いてくれるような人が出てくれれば本望です。

2024年2月11日
田中友統

人生すべてポジティブ！

時代ガチャの「当たり」を見つける方法

2024年3月21日　初版第一版発行

著者　田中 友統

発行人　小崎 奈央子
編集　田村 有佳梨
デザイン・DTP　石村 舞由子

発行元　株式会社けやき出版
〒190-0023
東京都立川市柴崎町3-9-2 コトリンク3階
TEL 042-525-9909　FAX 042-524-7736
https://keyaki-s.co.jp/
印刷・製本　シナノ書籍印刷株式会社

ISBN 978-4-87751-638-3